劳动预备制教材
职业培训教材

税收实务

中国劳动社会保障出版社

图书在版编目(CIP)数据

税收实务/鲁梦琳主编. —北京：中国劳动社会保障出版社，2012
劳动预备制教材　职业培训教材
ISBN 978 - 7 - 5045 - 9974 - 2

Ⅰ.①税… Ⅱ.①鲁… Ⅲ.①税收管理-中国 Ⅳ.①F812.423

中国版本图书馆 CIP 数据核字(2012)第 223820 号

中国劳动社会保障出版社出版发行
(北京市惠新东街1号　邮政编码：100029)
出版人：张梦欣

*

三河市潮河印业有限公司印刷装订　　新华书店经销
787 毫米×1092 毫米　16 开本　10 印张　237 千字
2012 年 9 月第 1 版　　2012 年 9 月第 1 次印刷
定价：19.00 元

读者服务部电话：010 - 64929211/64921644/84643933
发行部电话：010 - 64961894
出版社网址：http：//www.class.com.cn

版权专有　　侵权必究
举报电话：010 - 64954652

如有印装差错，请与本社联系调换：010 - 80497374

前　言

《中华人民共和国就业促进法》规定："国家采取措施建立健全劳动预备制度，县级以上地方人民政府对有就业要求的初高中毕业生实行一定期限的职业教育和培训，使其取得相应的职业资格或者掌握一定的职业技能。"

为进一步加强劳动预备制培训教材建设，满足各地实施劳动预备制对教材的需求，我们会同中国劳动社会保障出版社，组织有关人员对2000年出版的机械加工、电工、计算机、汽车、烹饪、饭店服务、商业、服装、建筑等类劳动预备制培训的专业课教材进行修订改版，并新编了美容美发、保健护理、物流、数控加工、会计、家政服务等类专业课教材。

在组织修订、编写教材时，考虑到接受培训人员的实际水平，为了使学员在较短时间内掌握从业必备的基本知识和操作技能，我们力求做到学习的理论知识为掌握操作技能服务，操作技能实践课题与生产实际紧密结合，内容深入浅出、图文并茂，增强教材的实用性和可读性。同时，注意在教材中反映新知识、新技术、新工艺和新方法，努力提高教材的先进性。

为了在规定的期限内更好地完成劳动预备制培训，各专业按照公共课+专业课的模式进行教学。公共课分为必修课和选修课，教材为《法律常识》《职业道德》《就业指导》《计算机应用》《劳动保护知识》《应用数学》《实用写作》《英语日常用语》《实用物理》《交际礼仪》。专业课教材分为专业基础知识教材和专业技术（理论和实训一体化）教材。

在这批教材的修订、编写过程中，编审人员克服各种困难，较好地完成了任务。在此，谨向付出辛勤劳动的编审人员表示衷心感谢。

由于编写时间有限，教材中可能有一些不足之处，我们将在教材使用过程中听取各方面的意见，适时进行修改，使其趋于完善。

人力资源和社会保障部教材办公室

简　介

　　本书首先介绍了税收的基本知识和企业税务登记的办理、发票管理、纳税申报及税款缴纳流程等企业税务基本活动，然后重点介绍了增值税、消费税、营业税、关税、企业所得税、个人所得税及土地增值税、资源税、城镇土地使用税、房产税、印花税、城市维护建设税、车辆购置税与车船税、契税等的纳税申报。每个单元还安排了练习，并提供了参考答案。

　　本书由鲁梦琳编写。

目 录

第一单元　税收基础知识 …………………………………………………………（ 1 ）
　模块一　税收的概念 ……………………………………………………………（ 1 ）
　模块二　税收制度 ………………………………………………………………（ 3 ）

第二单元　企业税务活动 …………………………………………………………（ 8 ）
　模块一　税务登记的办理 ………………………………………………………（ 8 ）
　模块二　发票管理 ………………………………………………………………（ 11 ）
　模块三　纳税申报及税款缴纳流程 ……………………………………………（ 15 ）

第三单元　增值税的纳税申报 ……………………………………………………（ 18 ）
　模块一　认识增值税 ……………………………………………………………（ 18 ）
　模块二　增值税的纳税计算 ……………………………………………………（ 20 ）
　模块三　应纳增值税的纳税申报及缴纳 ………………………………………（ 26 ）

第四单元　消费税的纳税申报 ……………………………………………………（ 33 ）
　模块一　认识消费税 ……………………………………………………………（ 33 ）
　模块二　消费税的申报与缴纳 …………………………………………………（ 43 ）

第五单元　营业税的纳税申报 ……………………………………………………（ 50 ）
　模块一　认识营业税 ……………………………………………………………（ 50 ）
　模块二　营业税的申报与缴纳 …………………………………………………（ 57 ）

第六单元　关税的纳税申报 ………………………………………………………（ 61 ）
　模块一　认识关税 ………………………………………………………………（ 61 ）

| 模块二 | 关税的计算 | （64） |
| 模块三 | 关税的申报与缴纳 | （67） |

第七单元　企业所得税的纳税申报　（70）
模块一　认识企业所得税　（70）
模块二　企业所得税的计算　（73）
模块三　企业所得税的申报与缴纳　（76）

第八单元　个人所得税的纳税申报　（91）
模块一　认识个人所得税　（91）
模块二　个人所得税的计算　（95）
模块三　个人所得税的申报与缴纳　（100）

第九单元　其他税的纳税申报　（113）
模块一　土地增值税的申报及缴纳　（113）
模块二　资源税的申报及缴纳　（120）
模块三　城镇土地使用税的申报及缴纳　（124）
模块四　房产税的申报及缴纳　（128）
模块五　印花税的申报及缴纳　（131）
模块六　城市维护建设税的申报及缴纳　（135）
模块七　车辆购置税与车船税的申报及缴纳　（138）
模块八　契税的申报及缴纳　（141）

参考文献　（154）

第一单元　税收基础知识

学习目标
1. 了解什么是税收、税收的特征及作用；
2. 掌握税收制度的内容。

模块一　税收的概念

提起税，大家并不陌生，因为税就存在于我们身边。例如，我们乘坐飞机，除了支付机票费外，还要支付燃油附加税等；购买房产时，要缴纳房产购置税；个人工资单上有一项被扣缴的个人所得税；股民买卖股票时每笔交易要缴纳印花税。请想一想，你还知道哪些税？

面对日常生产生活中发生的各种税，你知道税到底是什么吗？它有哪些特点？它的职能和作用是什么？我们应该怎样对待税收？在本模块里，我们将会寻找到这些问题的答案。

一、税收的定义

税收是国家为满足社会公共需要，凭借公共权力，按照法律所规定的标准和程序，参与国民收入分配，强制取得财政收入的一种特定分配方式。它体现了国家与纳税人在征收、纳税的利益分配上的一种特殊关系，是一定社会制度下的一种特定分配关系。税收收入是国家财政收入最主要的来源。

我国最早的税收

我国早在夏代就出现了税收的雏形。当时所征收的税叫做"贡"。夏王朝将国有土地按官爵大小分封给各级奴隶主贵族，让他们再转分配给农民耕种。农民耕种官家土地，应上缴粮食的标准规定为十取其一，即"民耕五十亩，贡五亩"。这就是孟子所说的"夏后氏五十而贡"。这表明，"贡"是一种按照常年产量课征的实物租税，是税收的原始形式。到春秋时期，随着生产力的提高，农民在公田以外开垦私田，由于私田不向国家纳税，因此国家财政收入占全部农业产量的比重不断下降。于是鲁国在鲁宣公十五年（公元前594年）实行初税亩，即按田亩征税，不分公田、私田，凡占有土地者均按土地面积纳税，税率为产量的10%，从而增加了财政收入。初税亩标志着我国税收从雏形进入成熟时期。

二、税收的特征

税收具有强制性、无偿性和固定性三个特点，如图1—1所示。

1. 税收的强制性

税收的强制性是指税收参与社会产品的分配是依据国家的政治权力而不是财产权利，即和生产资料的占有没有关系。税收的强制性具体表现在税收是以国家法律的形式规定的，而税收法律作为国家法律的组成部分，对不同的所有者都是普遍适用的，任何单位和个人都必须遵守，不依法纳税者要受到法律的制裁。税收的强制性说明，依法纳税是人们不应回避的法律义务。我国《宪法》就明确规定，我国公民"有依法纳税的义务"。正因为税收具有强制性的特点，所以它是国家取得财政收入的最普遍、最可靠的一种形式。

图1—1　税收的特征

2. 税收的无偿性

税收的无偿性是就具体的征税过程来说的，表现为国家征税后税款即为国家所有，并不存在对纳税人的偿还问题。

税收的无偿性是相对的。对具体的纳税人来说，纳税后并未获得任何报酬。从这个意义上说，税收不具有偿还性或返还性。但若从财政活动的整体来看，税收是对政府提供公共物品和服务成本的补偿，这里又反映出其有偿性的一面。

3. 税收的固定性

税收的固定性是指课税对象及每一单位课税对象的征收比例或征收数额是相对固定的，而且是以法律形式事先规定的，只能按预定标准征收，而不能无限度地征收。纳税人取得了应纳税的收入或发生了应纳税的行为，也必须按预定标准如数缴纳，而不能改变这个标准。同样，对税收的固定性也不能绝对化，认为标准确定后永远不能改变。随着社会经济条件的变化，具体的征税标准是可以改变的。比如，国家可以修订税法，调高或调低税率等，但这只是变动征收标准，而不是取消征收标准。所以，这与税收的固定性并不矛盾。

税收的这三个特征是互相联系、缺一不可的，同时具备这三个特征的才叫税收。税收的强制性是实现税收无偿征收的强有力保证，而无偿性同纳税人的经济利益关系极大，因而要求征收的固定性，这样对纳税人来说比较容易接受，对国家来说可以保证收入的稳定。税收的特征是税收区别于其他财政收入形式如上缴利润、国债收入、规费收入、罚没收入等的基本标志。税收的特征反映了不同社会形态下税收的共性。

三、税收的职能和作用

税收的本质是国家以法律规定向经济单位和个人无偿征收实物或货币所形成的特殊分配关系，这种分配关系集中反映了国家与各阶级、各阶层的经济关系、利益关系。我国税收的本质是国家筹集社会主义建设资金的工具，是为广大人民群众利益服务的，体现了一种"取之于民、用之于民"的社会主义分配关系。

税收职能是税收所具有的满足国家需要的能力。它以税收的内在功能为基础，以国家行使职能的需要为转移，是税收内在功能与国家行使职能需要的有机统一。税收的职能一般有三种。

1. 财政职能

财政职能也称"收入手段职能"。国家为了实现其职能，需要大量的财政资金。税收作为国家依照法律规定参与剩余产品分配的活动，承担起筹集财政收入的重要任务。税收自产生之日起，就具备了筹集财政收入的职能，并且是最基本的职能。

2. 经济职能

经济职能也称"调节手段职能"。国家为了执行其管理社会和干预经济的职能，除需筹集必要的财政资金作为其物质基础外，还要通过制定一系列正确的经济政策，以及体现并执行诸政策的各种有效手段，才能得以实现。税收作为国家强制参与社会产品分配的主要形式，在筹集财政收入的同时，也改变了各阶级、阶层、社会成员及各经济组织的经济利益。物质利益的多寡，诱导着他们的社会经济行为。因此，国家有目的地利用税收体现其有关的社会经济政策，通过对各种经济组织和社会成员的经济利益的调节，使他们的微观经济行为尽可能符合国家预期的社会经济发展方向，以有助于社会经济的顺利发展，从而使税收成为国家调节社会经济活动的重要经济杠杆。

3. 监督职能

税收政策体现着国家的意志，税收制度是纳税人必须遵守的法律准绳，它约束纳税人的经济行为，使之符合国家的政治要求。因此，税收成为国家监督社会经济活动的强有力工具。税收监督社会经济活动的广泛性与深入性，是随商品经济发展和国家干预社会经济生活的程度而发展的。一般来说，商品经济越发达，经济生活越复杂，国家干预或调节社会经济生活的必要性就越强烈，税收监督也就越广泛而深入。

税收职能是指税收所具有的内在功能，税收作用则是税收内在职能在一定条件下的外在具体体现，如图1—2所示。

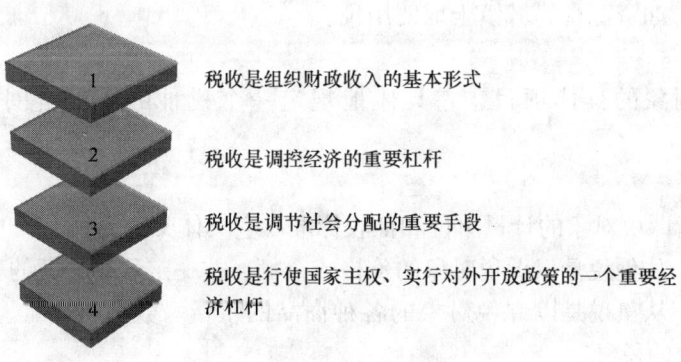

图1—2 税收的作用

模块二 税收制度

税收制度简称税制，它反映了国家与纳税人之间的经济关系，是国家财政制度的主要内容，是国家以法律形式规定的各种税收法令和征收管理办法的总称。税收制度的内容包括税种的设计和各个税种的具体内容，如课税对象、纳税人、税率、纳税环节、纳税期限、减免税和违章处理等。

一、课税对象

1. 课税对象的定义

课税对象是指对什么东西征税，是税法规定的征税的标的物。如消费税是对消费品征税，其征税对象就是消费品（如烟、酒等都是消费税的征税对象）。

按课税对象不同划分，税的种类可以划分为流转税、所得税、财产税、行为税和资源税等，如图1—3所示。

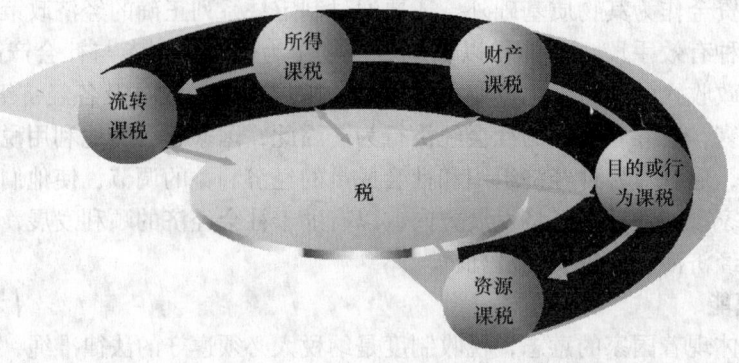

图1—3 税的分类

(1) 流转税，如增值税、营业税、消费税和关税。
(2) 所得税，如企业所得税、个人所得税。
(3) 财产税，如房产税。
(4) 行为税，如印花税。
(5) 资源税，如资源税、城镇土地使用税。

2. 税目

税目是课税对象的具体项目，它具体地规定一个税种的征税范围，体现了征税的广度。

3. 计税依据

计税依据是指课税对象的计量单位和征收标准。它具体又分为：

(1) 从价税。从价税是以课税对象的价格或金额，按一定税率计征的税种。
(2) 从量税。从量税是以课税对象的各种商品的重量、数量、容量、长度和面积等计量单位为标准计征的税种。

二、纳税人

纳税人是指税法规定的直接负有纳税义务的单位和个人。纳税人包括法人和自然人。与纳税人概念相关的还有两个重要概念：负税人和扣缴义务人。

负税人是指最终负担国家税款的单位和个人。

扣缴义务人是指税法规定的，在经营活动中负有代扣税款并向国库缴纳税款义务的单位和个人。

三、税率

税率是指应征税额与课税对象之间的比例，它体现了征税的尺度。

税率可分为比例税率、累进税率和定额税率三种。

比例税率是指应纳税额与课税对象数量之间的等比关系。比例税率可分为单一比例税率、差别比例税率、幅度比例税率、有起征点或免征额的比例税率。

累进税率是指随征税对象数额增大而提高的税率。累进税率分为全额累进税率和超额累进税率、全率累进税率和超率累进税率。

定额税率是指对单位征税对象规定一个固定税额，而不是规定一个征收比例。定额税率分为地区差别定额税率、幅度定额税率和分类分级定额税率。

四、纳税环节

纳税环节是指对处于运动中的课税对象，选择应当缴纳税款的环节。纳税环节分为一次课征制、两次课征制和多次课征制。多次课税制与一次课征制对称，指同一税种在商品流转的许多环节上都课征，1994年税制改革前，我国实行的营业税对流通中商品的课税具有多次课征制的特点，即商品每经过一次批发环节（包括零售环节），都要征收一次营业税。而税制改革后的新增值税实行对每个环节的增值部分征税，采用购进扣税法，改变了多环节、多次课征的重复征税问题。应该指出，多次课征制都是一次课征制，这是针对征税对象和税种而言的。

五、纳税期限

纳税期限是指税法规定的单位和个人缴纳税款的法定期限。

纳税期限具体规定为按期纳税和按次纳税两种。临时经营，按次纳税；其他均为按期纳税，如增值税按月缴纳，所得税按年纳税，或按季或月预缴等。

六、减免税

减免税是指税收制度中对某些纳税人和课税对象给予鼓励和照顾的一种规定。减免税包括减免税规定、起征点规定和免征额规定。

七、违章处理

违章处理是指对纳税人违反税法行为所采取的教育处罚措施，它体现了税收的强制性，是保证税法正确贯彻执行、严肃纳税纪律的重要手段。

八、我国的税收制度

我国的税收制度是由法律、法规和规章组成的一个统一的税收法律体系。按照税种划分税权和分级管理原则，我国实行分税制，可将其划分为中央税、地方税和中央与地方共享税，即把需要由全国统一管理、影响全国性的商品流通和税源集中、收入较大的税种划为中央税，税权（立法权、司法权、执法权）均归中央；把与地方资源、经济状况联系比较紧密，对全国性商品生产和流通影响小或没有影响，税源比较分散的税种划为地方税，税权归地方；把一些税源具有普遍性但征管难度较大的税种划为中央和地方共享税，立法权归中央，司法权和执法权可归中央也可归地方。我国的税收体系见表1—1。

表1—1 我国现行税制体系

税类	税种	中央税	地方税	中央与地方共享税	备注
流转税	增值税			√	中央75%，地方25%
	消费税	√			收入100%归中央政府管理和支配
	营业税			√	铁道部、各银行总行、各保险公司总公司集中缴纳的部分归中央政府，其余部分归地方政府
	关税	√			由海关负责征管，收入归中央财政
所得税	企业所得税			√	中央60%，地方40%
	个人所得税			√	中央60%，地方40%

续表

税类	税种	中央税	地方税	中央与地方共享税	备注
资源税	资源税			√	海洋石油资源税划归中央（目前暂停征），其余部分归地方政府
	城镇土地使用税		√		收入归地方政府管理和支配
财产税	房产税		√		收入归地方政府管理和支配
	契税		√		收入归地方政府管理和支配
行为税	车船税		√		收入归地方政府管理和支配
	印花税				证券交易印花税收入的97%归中央政府，其余3%和其他印花税收入归地方政府
	船舶吨税	√			由海关代为征收，收入归中央政府

练 习

一、单项选择题

1. 下列（　　）不属于税收"三特征"的内容。
   A. 强制性　　　B. 无偿性　　　C. 固定性　　　D. 合法性
2. 以下税种中属于流转税类的是（　　）。
   A. 个人所得税　B. 增值税　　　C. 资源税　　　D. 印花税
3. 下列税种收入中属于中央与地方共享的是（　　）。
   A. 消费税　　　B. 增值税　　　C. 车辆购置税　D. 土地增值税
4. 税收职能中，最基本的职能是（　　）。
   A. 经济职能　　B. 财政职能　　C. 监督职能　　D. 反映职能
5. 下列属于财产税的是（　　）。
   A. 车辆购置税　B. 印花税　　　C. 车船税　　　D. 资源税

二、多项选择题

1. 税收具有三项职能，即（　　）。
   A. 经济职能　　B. 财政职能　　C. 分配职能　　D. 监督管理职能
2. 税率中最为常用的形式有（　　）。
   A. 比例税率　　B. 累进税率　　C. 定额税率　　D. 幅度税率
3. 下列选项中属于中央税的是（　　）。
   A. 关税　　　　　　　　　　　　B. 屠宰税
   C. 海关代征增值税　　　　　　　D. 消费税
4. 下列选项中属于地方税的是（　　）。

A. 城镇土地使用税 B. 耕地占用税
C. 土地增值税 D. 房产税
5. 下列选项中属于中央与地方共享税的是（　　）。
A. 消费税 B. 房产税
C. 国内增值税 D. 资源税

第二单元　企业税务活动

学习目标
1. 了解税务登记和发票管理的内容；
2. 掌握纳税申报及税款缴纳流程。

模块一　税务登记的办理

税务登记又称纳税登记，是指税务机关根据税法规定，对纳税人的生产、经营活动进行登记管理的一项法定制度，也是纳税人依法履行纳税义务的法定手续。税务登记可分为开业税务登记、变更税务登记和注销税务登记三种。我们应当如何办理税务登记证呢？纳税人办理税务登记证时，应当向税务机关提供哪些证件和资料？

在本模块，我们重点介绍开业税务登记流程。

从事生产、经营的纳税人应当自领取营业执照之日起 30 日内，向生产、经营地或者纳税义务发生地的主管税务机关申报办理税务登记，如实填写税务登记表，并按照税务机关的要求提供有关证件和资料。

一、开业税务登记申请

纳税人必须提出书面申请报告，并提供下列有关证件和资料。
（1）申请税务登记报告书。
（2）工商营业执照。
（3）企业有关章程、合同和协议书。
（4）注册资本评估报告或银行账号证明。
（5）法定代表人或业主居民身份证、护照或者回乡证等其他合法证件。
（6）总部机构所在地国家税务机关证明。
（7）税务机关要求提供的其他有关证明和资料，如组织机构代码证等。

二、填报税务登记表

纳税人（单位或个人）领取税务登记表（见表 2—1）后，应当按照规定内容逐项如实填写，并加盖企业印章，经法定代表人或业主签字后，将税务登记表报送主管税务机关。如果是服务业、建筑业或饮食业等缴纳营业税的企业户，要到地税局办理；如果是批发零售、修理业及制造业缴纳增值税的企业户，要到国税局办理。

表 2—1　　　　　　　　　　　　　　税务登记表
（适用单位纳税人）

国税档案号码：　　　　　填表日期：　　　　纳税人识别号：

地税计算机代码			纳税人名称			
登记注册类型			批准设立机关			
组织机构代码			批准设立证明或文件号			
开业（设立）日期		生产经营期限	证照名称		证照号码	
注册地址			邮政编码		联系电话	
生产经营地址			邮政编码		联系电话	
核算方式	请选择对应项目打"√"　□独立核算　□非独立核算			从业人数 ____ 　其中外籍人数 ____		
单位性质	请选择对应项目打"√"　□企业　　□事业单位　　□社会团体　　□民办非企业单位 □其他					
网站网址			国标行业	□□　□□　□□　□□		
适用会计制度	请选择对应项目打"√" □企业会计制度　□小企业会计制度　□金融企业会计制度　□行政事业单位会计制度					
经营范围		请将法定代表人（负责人）身份证件复印件粘贴在此处				

项目 内容 联系人	姓名	身份证件		固定电话	移动电话	电子邮箱
		种类	号码			
法定代表人（负责人）						
财务负责人						
办税人						
税务代理人名称		纳税人识别号		联系电话		电子邮箱

注册资本或投资总额（人民币）	币种	金额	币种	金额	币种	金额

投资方名称	投资方经济性质	投资比例	证件种类	证件号码	国籍或地址

自然人投资比例		外资投资比例		国有投资比例	
分支机构名称		注册地址		纳税人识别号	

续表

总机构名称			纳税人识别号	
注册地址			经营范围	
法定代表人姓名		联系电话	注册地址及邮政编码	
代扣代缴、代收代缴税款业务情况	代扣代缴、代收代缴税款业务内容		代扣代缴、代收代缴税种	
附报资料：				

经办人签章：	法定代表人（负责人）签章：	纳税人公章：
××××年××月××日	××××年××月××日	××××年××月××日

以下由税务机关填写：

纳税人所处街乡				隶属关系	
国税主管税务局		国税主管税务所（科）		是否属于国税、地税共管户	
地税主管税务局		地税主管税务所（科）			
经办人（签章）： 国税经办人：_____ 地税经办人：_____	国家税务登记机关 （税务登记专用章）： 核准日期： ××××年××月××日 国税主管税务机关：	地方税务登记机关 （税务登记专用章）： 核准日期： ××××年××月××日 地税主管税务机关：
受理日期： ××××年××月××日		
国税核发《税务登记证副本》数量： 本 发证日期：××××年××月××日		
地税核发《税务登记证副本》数量： 本 发证日期：××××年××月××日		

国家税务总局监制

三、领取税务登记证件

报送税务登记表报经主管税务机关审核、批准后，应在 30 日内到税务机关领取税务登记证件及其副本。

税务登记一般流程如图 2—1 所示。

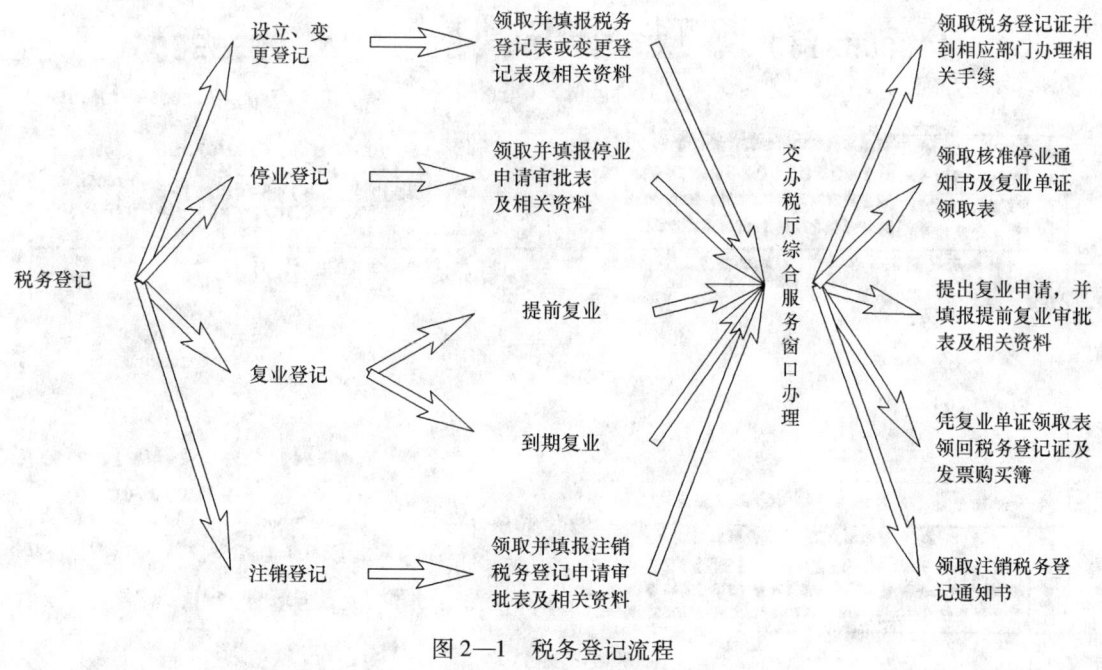

图 2—1 税务登记流程

模块二 发票管理

发票是一切单位和个人在购销商品、提供或接受劳务服务和其他经营活动中开具的收付款凭证。发票的种类、联次、内容和使用范围均由国家税务总局规定。

一、发票的种类

一般而言，发票分为增值税专用发票、普通发票。

1. 增值税专用发票

增值税专用发票只能用于被税务机关认定为增值税一般纳税人的企业使用，增值税小规模纳税人不得领购使用。增值税专用发票为一式四联：存根联、发票联、抵扣联和记账联。增值税专用发票样本如图2—2所示。

2. 普通发票

普通发票主要由营业税纳税人和增值税小规模纳税人使用，增值税一般纳税人在不能开具专用发票的情况下也可使用普通发票。普通发票为一式三联：存根联、发票联和记账联。

二、发票的管理

发票的管理包括发票的领用、换领、变更和遗失等内容。

需要领购发票的单位和个人，应当持税务登记证件、经办人身份证明、按照国务院税务主管部门规定式样制作的发票专用章的印模，向主管税务机关办理发票领购手续。主管税务机关根据领购单位和个人的经营范围和规模，确认领购发票的种类、数量以及领购方式，在5个工作日内发放发票领购簿。

单位和个人领购发票时，应当按照税务机关的规定报告发票使用情况，税务机关应当按照规定进行查验。

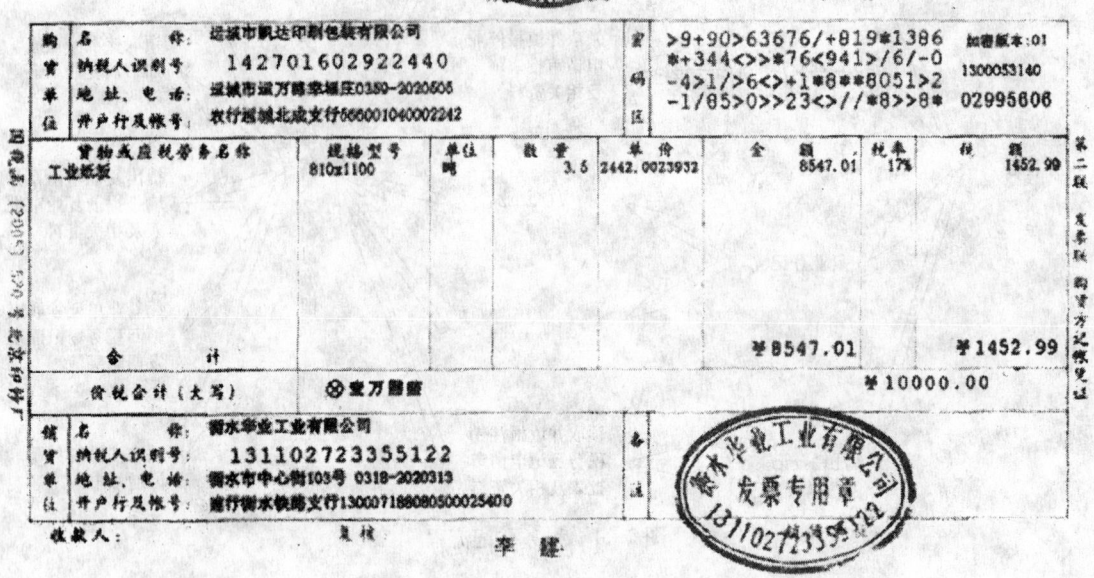

图2—2 增值税专用发票样

需要临时使用发票的单位和个人,可以凭购销商品、提供或者接受服务以及从事其他经营活动的书面证明、经办人身份证明,直接向经营地税务机关申请代开发票。依照税收法律、行政法规规定应当缴纳税款的,税务机关应当先征收税款,再开具发票。税务机关根据发票管理的需要,可以按照国务院税务主管部门的规定委托其他单位代开发票。

1. 初次领购发票流程(图2—3)

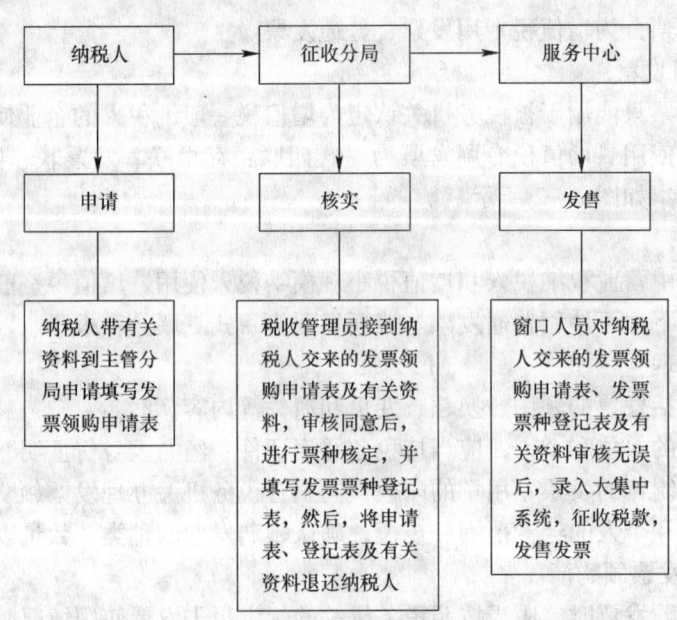

图2—3 初次领购发票流程图

2. 换领发票流程（图 2—4）

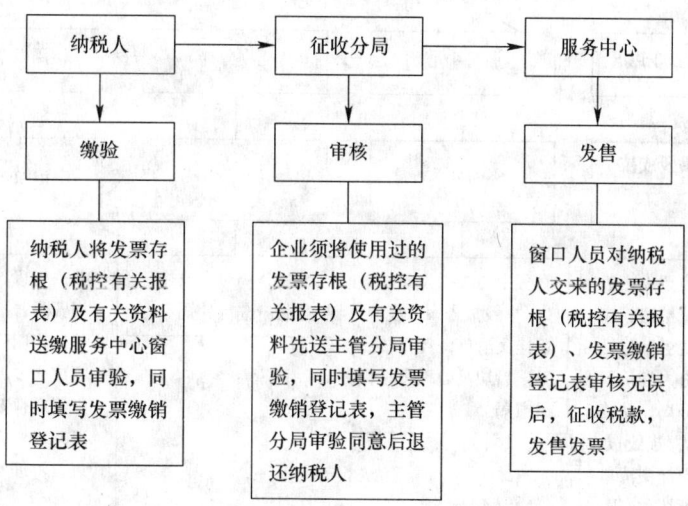

图 2—4　换领发票流程图

3. 发票票种变更流程（图 2—5）

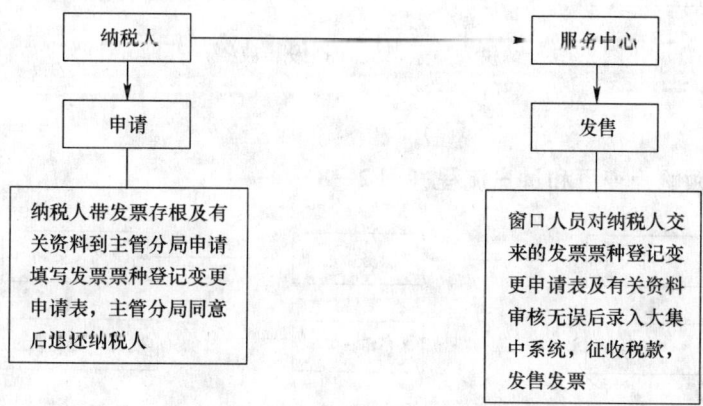

图 2—5　发票票种变更流程图

4. 代开发票流程（图 2—6）

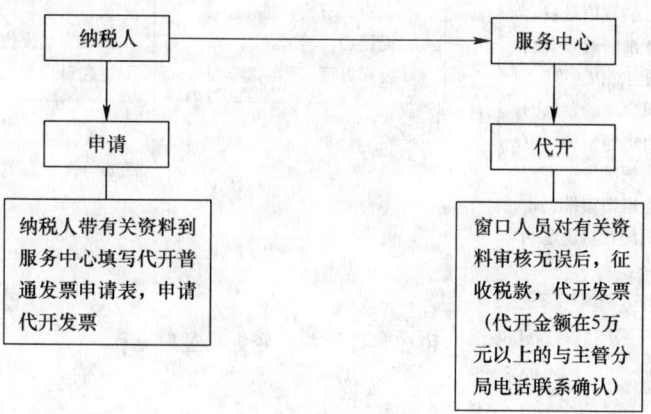

图 2—6　代开发票流程图

5. 纳税人发票遗失（损毁、被盗）管理流程（图 2—7）

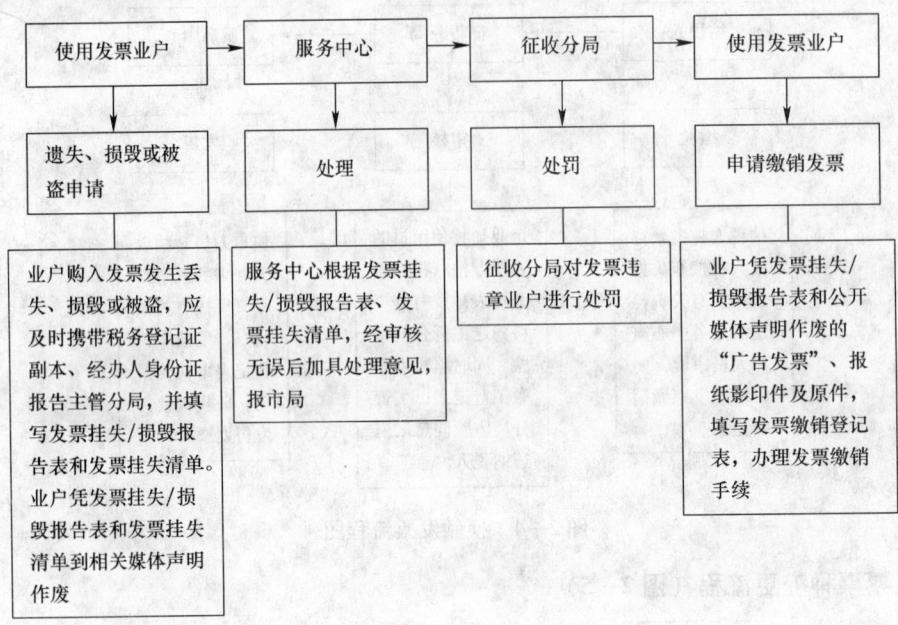

图 2—7　纳税人发票遗失（损毁、被盗）管理流程

6. 税控装置领购、变更和过户流程（图 2—8）

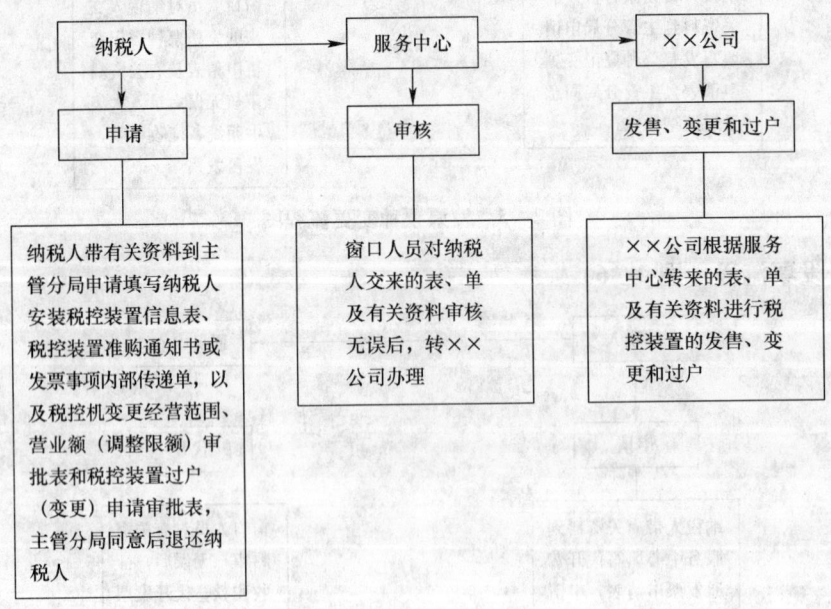

图 2—8　税控装置领购、变更和过户流程

7. 注销税务登记时与发票有关流程（图2—9）

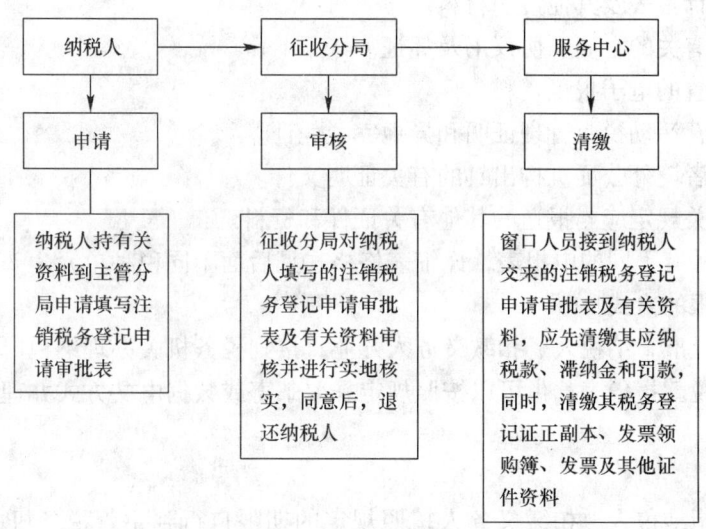

图2—9 注销税务登记时与发票有关流程

【案例】 某市地税局近期碰到这样一件事：外地旅客李某持一张用餐定额发票来兑奖，在领奖登记时，办税人员发现李某所说的用餐饭店与发票专用章显示的饭店名称不符，兑奖后，办税人员有点疑惑，于是派税收管理员去了解情况。经查，旅客用餐的那家饭店因当月的发票用完了，当顾客索要发票时，该饭店老板认为顾客是外地的，心存侥幸，便向另外一家熟悉的饭店借了有印章的发票给了旅客。针对这种情况，税务部门对这两家饭店相互转借发票的行为处以1 000元的罚款。

【解析】 该案例中两家饭店转借发票的行为违反了我国发票管理办法的有关规定。《中华人民共和国发票管理办法》第二十四条规定：任何单位和个人应当按照发票管理规定使用发票，不得有转借、转让、介绍他人转让发票、发票监制章和发票防伪专用品等行为；对违反发票管理法规的行政处罚，由县以上税务机关决定；罚款额在2 000元以下的，可由税务所决定。因此，税务部门依法对两家饭店处以1 000元的罚款。这个案例也带给我们一个启示：企业发票管理一定要遵守相关法律法规的规定，符合程序要求。

模块三 纳税申报及税款缴纳流程

一、纳税申报的内容

纳税申报，是指纳税人按照税法的规定，定期就计算缴纳税款的有关事项向税务机关提出的书面报告，是税收征收管理的一项重要制度。

纳税人必须在税收法律、行政法规规定的申报期限内，或者在税务机关依照税收法律、行政法规规定的申报期限内，如实向主管税务机关报送纳税申报表。纳税申报表的内容主要包括纳税人名称、税种、应税项目、适用税率、单位税额、计税依据、应纳税款和税款所属

期限等。在办理纳税申报时,还应根据不同情况报送下列有关资料:

(1)财务会计报表及其他说明材料。
(2)与纳税有关的合同、协议书及凭证。
(3)税控装置的电子报税资料。
(4)外出经营活动税收管理证明和异地完税凭证。
(5)境内或者境外公证机构出具的有关证明文件。
(6)税务机关规定应当报送的其他有关证件和资料。

对不同的税种有不同的申报表,详细表格格式见后面不同税种单元。

二、纳税申报的方式

经税务机关批准,纳税人、扣缴义务人开业直接到税务机关办理纳税申报或者报送代扣代缴、代收代缴税款报告表,也可以按照规定采取邮寄或数据电文方式办理上述申报、报送事项。

1. 自行申报

自行申报是指纳税人、扣缴义务人按照规定的期限自行到主管税务机关办理纳税申报手续。

2. 邮寄申报

经税务机关批准,纳税人、扣缴义务人可以采用邮寄申报的方式,将纳税申报表及有关的纳税资料通过邮局寄送给主管税务机关。

3. 数据电文方式

数据电文方式,是指税务机关确定的电话语音、电子数据交换和网络传输等电子方式。纳税人采取电子方式办理纳税申报的,应当按照税务机关规定的期限和要求保存有关资料,并定期书面报送主管税务机关。

4. 代理申报

纳税人、扣缴义务人可以委托注册税务师办理纳税申报。纳税申报流程如图2—10所示。

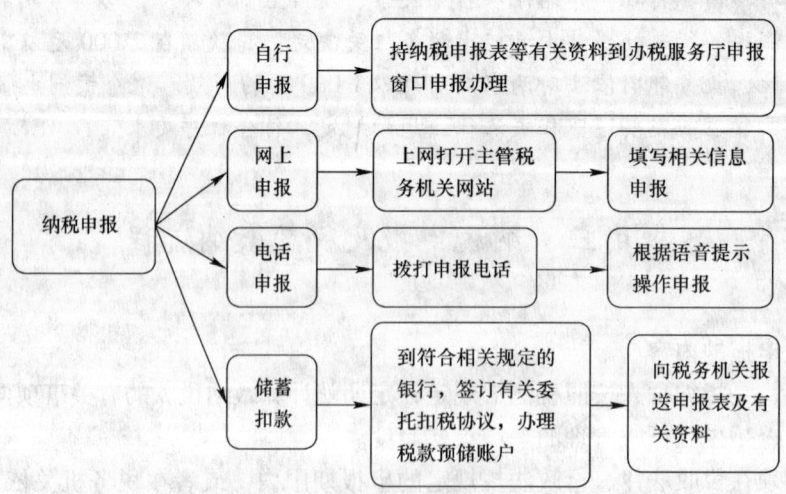

图2—10 纳税申报流程图

三、纳税申报的具体要求

纳税申报的具体要求为：

（1）纳税人、扣缴义务人不论当期是否发生纳税义务，除经税务机关批准外，均应按规定办理纳税申报或者报送代扣代缴、代收代缴税款报告表。

（2）实行定期定额方式缴纳税款的纳税人，可以实行简易申报、合并征期等申报纳税方式。

（3）纳税人享受减税、免税待遇的，在减税、免税期间应当按照规定办理纳税申报。

（4）纳税人、扣缴义务人按照规定的期限办理纳税申报或者报送代扣代缴、代收代缴税款报告表确有困难，需要延期的，应当在规定的期限内向税务机关提出书面延期申请，经税务机关核准，在核准的期限内办理。

纳税人、扣缴义务人因不可抗力，不能按期办理纳税申报或者报送代扣代缴、代收代缴税款报告表的，可以延期办理，但是应当在不可抗力情形消除后立即向税务机关报告。税务机关应当查明事实，予以批准。

经核准延期办理前款规定的申报、报送事项的，应当在纳税期内按照上期实际缴纳的税额或者税务机关核定的税额预缴税款，并在核准的延期内办理税款结算。

练 习

××机械厂于2009年5月18日由所管辖地工商局核发了营业执照，生产并销售某型号机床，有固定的注册资金，有权威的验资证明和开户行资料。该厂实行自负盈亏，独立核算，法人代表是李某。该厂于2010年7月23日发生变化，扩大了经营范围，法人代表改为陈某；2011年4月5日，该厂因违法经营被工商行政管理部门吊销营业执照。根据以上资料，请说明该厂办理税务登记的操作程序。

第三单元 增值税的纳税申报

学习目标
1. 了解增值税一般纳税人和小规模纳税人及其征税范围;
2. 掌握纳税人应纳增值税的计算方法;
3. 掌握一般纳税人和小规模纳税人应纳增值税的申报及缴纳。

模块一 认识增值税

一、增值税的含义

增值税是指对我国境内销售货物或者提供应税劳务以及进口货物的单位和个人,以其增值额为课税对象,并实行税款抵扣办法征收的一种流转税。

增值税在商品生产和流通的各环节征收,其征税对象是增值额,故称为"增值税"。在实际操作中,增值税的计算采用间接的计算办法。纳税人销售货物或者提供加工、修理修配劳务时,根据其销售额,按照规定的税率计算税款(销项税额),然后从中扣除上一道环节以及缴纳的增值税(进项税),其余额即为纳税人应缴纳的增值税额。

二、增值税的纳税人

凡在中华人民共和国境内销售或者提供加工、修理修配劳务(以下简称应税劳务),以及进口货物的单位和个人,为增值税的纳税人。

上述所说的货物,是指有形动产,包括电力、热力和气体在内。销售货物,则是指有偿转让货物的所有权。

上述所称单位,是指国有企业、私有企业、股份制企业、外商投资企业和外国企业、其他企业和行政单位、事业单位、军事单位、社会团体及其单位。

上述所称个人,是指个体经营者及其个人。

企业租赁或承包给他人经营的,以承租人或承包人为纳税人。

境外的单位或个人在境内销售应税劳务而在境内未设有经营机构的,其应纳税款以代理人为扣缴义务人;没有代理人的,以购买者为扣缴义务人。

三、小规模纳税人的认定与管理

小规模纳税人,是指年应征增值税销售额(以下简称年应税销售额)在规定标准以下,其会计核算不健全,不能准确核算增值税的销项税额、进项税额和应纳税额的纳税人。

小规模纳税人的认定标准为:

(1)从事货物生产或提供应税劳务的纳税人,以及以从事货物生产或提供应税劳务为主(纳税人的货物生产或者提供应税劳务的销售额占年应税销售额的比重在50%以上),并兼营货物批发或零售的纳税人，年应税销售额在 50 万元以下的。

（2）除上述规定以外的纳税人，年应税销售额在 80 万元以下的。

（3）年应税销售额超过小规模纳税人标准的其他个人按小规模纳税人纳税；非企业性单位、不经常发生应税行为的企业，可选择按小规模纳税人纳税。

四、一般纳税人的认定与管理

一般纳税人，是指达到一定的生产经营规模（即超过小规模纳税人标准），并且其会计核算健全，能按照税法的规定，分别核算销项税额、进项税额和应纳税额的单位。

一般纳税人的认定标准为：

（1）从事货物生产或者提供应税劳务为主的纳税人，年应税销售额超过 50 万元的。

（2）以货物批发或零售为主的纳税人，年应税销售额超过 80 万元的。

经营规模达到了规定标准且会计核算健全的纳税人，必须经过认定手续，才能取得增值税一般纳税人资格，具体步骤如下：

（1）纳税人应提出申请报告，并提供营业执照，有关合同、章程、协议书，银行账号证明以及税务机关要求提供的其他有关证件、资料，向企业所在地主管税务机关申请办理一般纳税人认定手续。

（2）主管税务机关在初步审核企业的申请报告和有关资料后，发给增值税一般纳税人申请认定表（一式两份），企业如实填写后，交由审批机关（县级以上税务机关）审批，负责审批的税务机关应在收到之日起 30 日内审核完毕。符合一般纳税人条件的，在其税务登记证副本首页上方加盖"增值税一般纳税人"确认专章（专章印色统一为红色），作为领购增值税专用发票的证件。

（3）新开业的符合一般纳税人条件的企业，应在办理税务登记的同时申请办理一般纳税人认定手续。

（4）已开业的小规模企业，其年应税销售额超过小规模纳税人标准的，应在次年 1 月底以前申请办理一般纳税人认定手续。

（5）一般纳税人总分支机构不在同一县（市）的，应分别向其机构所在地主管税务机关申请办理一般纳税人认定手续。纳税人总分支机构实行统一核算，其总机构年应税销售额超过小规模企业标准，但分支机构是商业企业以外的其他企业，年应税销售额未超过小规模纳税人标准的，其分支机构可申请办理一般纳税人认定手续。在办理认定手续时，需提供总机构所在地主管税务机关批准其总机构为一般纳税人的证明。

（6）全部销售免税货物的企业不办理一般纳税人认定手续，因销售免税货物不得开具增值税专用发票。

（7）对于从事成品油销售的加油站，无论其年应税销售额是否超过 180 万元，一律按增值税一般纳税人征税，原因是为加强增值税的征收管理。

五、增值税的征税范围

增值税的征税范围，是指应该对纳税人的哪些行为征收增值税，具体包括：

（1）销售或进口货物。

（2）提供加工、修理修配劳务。

（3）特殊项目。目前，税法中确定属于增值税征税范围的特殊项目主要有：

1）货物期货（包括商品期货和贵金属期货），在期货的实物交割环节纳税。

2）银行销售金银的业务。

3）典当业的死当销售业务和寄售业代委托人销售物品的业务。

4）集邮商品（如邮票、首日封和邮折等）的生产、调拨，以及邮政部门以外的其他单位和个人销售的集邮商品。

5）电力公司向发电企业收取的过网费。

(4) 视同销售货物行为。税法确定单位或个体经营者的下列八种行为，视同销售货物，征收增值税。

1）将货物交付其他单位或者个人代销。

2）销售代销货物。

3）设有两个以上机构并实行统一核算的纳税人，将货物从一个机构移送其他机构用于销售，但相关机构设在同一县（市）的除外。

4）将自产或委托加工的货物用于非增值税应税项目。

5）将自产或委托加工的货物用于集体福利或个人消费。

6）将自产、委托加工或购买的货物作为投资，提供给其他单位或个体工商户。

7）将自产、委托加工或购买的货物分配给股东或投资者。

8）将自产、委托加工或购买的货物无偿赠送其他单位或者个人。

(5) 混合销售行为。一项销售行为如果既涉及增值税应税货物又涉及非应税劳务，视为混合销售行为。

所谓非应税劳务，是指属于应缴营业税的交通运输业、建筑业、金融保险业、邮电通信业、文化体育业、娱乐业和服务业税目征收范围的劳务。在混合销售行为中，非应税劳务是为销售货物而提供的，二者之间是紧密相连的从属关系。

混合销售行为，从理论上讲应当分别对其征收增值税和营业税，但是这会给征纳双方管理上带来很大困难。为便于征管，《增值税暂行条例实施细则》中把其中一些纳税人的混合销售列入了增值税的征税范围。

(6) 兼营非应税劳务行为。兼营非应税劳务行为，是指增值税的纳税人在从事应税货物销售或提供应税劳务的同时，还从事非应税劳务，且所从事的非应税劳务与某一项销售货物或提供应税劳务并无直接的联系和从属关系。这是兼营非应税劳务行为和混合销售行为的区别所在。

例如，有一购物中心在销售百货的同时还提供音乐茶座、台球和保龄球等服务娱乐项目，该购物中心的行为即属于兼营非应税劳务行为。因为该购物中心在销售货物的同时还提供非应税劳务，且所提供的非应税劳务与销售货物并无直接的联系和从属关系。

模块二 增值税的纳税计算

一、增值税的税率

增值税税率的确定，区分增值税一般纳税人和小规模纳税人，并且增值税一般纳税人又根据其销售或者进口的货物不同而设有不同的规定，小规模纳税人则根据其经济属性设有不同的规定。

1. 基本税率

增值税一般纳税人销售或者进口货物,提供加工、修理修配劳务,税率为17%。适用于低税率范畴的货物除外。

2. 低税率

增值税一般纳税人销售或者进口下列货物的税率为13%:

(1) 粮食、食用植物油。

(2) 暖气、冷气、热水、煤气、石油液化气、天然气、沼气、居民用煤炭制品。

(3) 图书、报纸、杂志。

(4) 饲料、化肥、农药、农机、农膜。

(5) 国务院规定的其他货物。

3. 零税率

纳税人出口货物,税率为零;但是,国务院另有规定的除外。

4. 征收率

商业企业属于小规模纳税人的,其适用的征收率为3%,征收率的调整由国务院决定。

纳税人应纳增值税的计算,根据是一般纳税人还是小规模纳税人的不同,有不同的计算方法。一般纳税人采用"购进扣税法";小规模纳税人采用简易办法。

二、一般纳税人应纳增值税的计算

其基本公式为:

$$应纳税额 = 当期销项税额 - 当期进项税额$$

含税销售额与不含税销售额的换算:增值税是价外税,用来计算销项税额的销售额必须是不含税的销售额。含税销售额换算为不含税的销售额,其换算公式为:

$$不含税销售额 = \frac{含税销售额}{1 + 税率(或征收率)}$$

1. 特殊销售方式下销售额的确定

税法对以下销售方式分别确定了其销售额。

(1) 采取折扣方式销售货物。纳税人采取折扣方式销售货物的,如果销售额和折扣额在同一张发票上分别注明,可以按折扣后的销售额征收增值税;如果将折扣额另开发票,不论其在财务上如何处理,均不得从销售额中减除折扣额。

折扣销售是指销货方在销售应税劳务时,因购货方购货数量较大等原因而给予购货方的价格优惠。如购买100件,销售价格折扣10%;购买200件,销售价格折扣20%。

对折扣销售规定销售额须在同一张发票上注明,是为避免购销双方按不同的销售额计算进项税额和销项税额。需要注意的是,折扣销售仅限于货物价格的折扣,如果销货方将自产、委托加工或购买的货物用于实物折扣,则该实物款额不能从货物销售额中减除,且该实物按增值税条例"视同销售货物行为"中的"赠送他人"计算征收增值税。

折扣销售和销售折扣、销售折让不同。销售折扣是指销货方在销售货物或者应税劳务后,为了鼓励购货及早偿还货款,而协议许诺给予购货方的一种折扣优待。如10天内付款,货款折扣2%;20天内付款,货款折扣1%;30天内付款,不给折扣,全价付款。销售折扣发生在销货之后,是一种具有融资性质的理财费用,因此,销售折扣不得从销售额中减除。销售折让是指货物销售后,由于其品种、质量等原因购货方未退货,但销货方必须给予购货方的一种价格折让。销售折让与销售折扣相比较,虽然都是在货物销售后发生的,但因为销售折让实质原销售额的减少,因此,对销售折让可以折让后的货款为销售额。

(2) 采取以旧换新方式销售货物。纳税人采取以旧换新方式销售货物的,应按新货物的同期销售价格确定销售额,不得扣减旧货物的收购价格。

以旧换新,是指纳税人在销售自己的货物时,有偿收购旧货物的行为。销售货物和收购货物是两个不同的业务活动,因此,销售额和收购不能相互抵减。再者,也是为了严格增值税的计算征收,防止出现销售额的不实、减少纳税的现象。

因为金银首饰以旧换新业务有些特殊,允许按销售方实际收到的不含税增值税的全部价款确定销售额。

(3) 采取还本销售方式销售货物。纳税人采取还本销售方式销售货物的,其销售额就是货物的销售价格,不得从销售额中减除还本支出。

还本销售,是指纳税人在销售货物后,到一定期限由销售方一次或分次退还给购买方全部或部分价款。这种方式实际上是一种筹集资金,以提供货物使用权换取还本不付息的方法。所以,国家不能以减少税收来承担企业销售还本的责任。

(4) 采取以物易物方式销售货物。纳税人采取以物易物方式销售货物,以物易物双方都应作购销处理,即以各自发出的货物核算销售额并计算销项税额,以各自收到的货物核算购货额并计算进项税额。

以物易物,是指购销双方不是以货币结算,而是以同等价款的货物相互结算,实现货物购销的一种方式。销货方收到购货方抵项货款的货物,视其为购货行为;购货方发出抵项货款的货物,视其为销货行为。因此,应分别核算各自的进项税额和销项税额。

(5) 出租出借包装物收取押金情况下销售额的确定。纳税人为销售货物而出租出借包装物收取的押金,单独记账核算的,时间在1年以内,又未过期的,不并入销售额征税。但对因逾期(按合同约定实际逾期或以1年为期限)未收回包装物不再退还的押金,应按所包装物的适用税率计算销项税额。

对收取销售啤酒、黄酒外的其他酒类产品而收取的包装物押金,无论是否返还以及会计上如何核算,均应并入当期销售额征税。对于销售啤酒、黄酒所收取的押金,按上述一般押金的规定处理。

(6) 视同销售货物行为的销售额的确定。对视同销售货物征税而无销售额的,应按下列顺序确定销售额:

1) 按纳税人当月同类货物的平均销售价格确定。
2) 按纳税人最近时期同类货物的平均销售价格确定。
3) 按组成计税价格确定。组成计税价格的公式为:

$$组成计税价格 = 成本 \times (1 + 成本利润率)$$

属于应征消费税的货物,其组成计税价格中应加计消费税额,如果该货物实行从量定额征收消费税,则组成计税价格的公式为:

$$组成计税价格 = 成本 \times (1 + 成本利润率) + 消费税税额$$

如果该货物实行从价定率征收消费税,则组成计税价格的公式为:

$$组成计税价格 = 成本 \times \frac{1+成本利润率}{1-消费税税率}$$

上述公式中的成本,是指销售自产货物的为实际生产成本;销售外购货物的为实际采购成本。公式中的成本利润率,由国家税务总局确定为10%;但属于应从价定率征收消费税的货物,其成本利润率为消费税中规定的成本利润率。

2. 进项税额的计算

进项税额,是指纳税人购进货物或者接受应税劳务时(以下简称购进货物或者应税劳务)所支付或者负担的增值税额。

这里包含两层含义:

(1)进项税额是购进货物或者应税劳务时购货发票上注明的税额。购进的免税产品、支付的运输费用和购入免税废旧物资除外。

(2)进项税额表示购货方在购买货物时,同时也支付了货物所承担的税款。

3. 允许抵扣的进项税额

进项税额和销项税额是相对应的概念,同一税额对销货方来讲,是其销项税额;对购货方来讲,是其进项税额。增值税一般纳税人应该缴纳的增值税,就是用已支付当期的进项税额抵扣当期销项税额的差额。但有时当期进项税额大于销项税额时,大于的进项税额留抵下期进行抵扣。纳税人购买的货物用在了非应税项目、免税项目、集体福利或者个人消费等项目上,其进项税额与纳税人所创造的增值没有任何关系,因此,其进项税额就不能抵扣。对于准予从销项税额中抵扣的进项税额,税法作了严格的规定。

根据税法的规定,准予从销项税额中抵扣的进项税额,限于下列增值税额:

(1)纳税人购买货物和应税劳务,从销售方取得的增值税专用发票上注明的增值税额。

(2)纳税人进口货物,从海关取得的完税凭证上注明的增值税额。

由以上规定可知,增值税一般纳税人要抵扣其进项税额,必须取得增值税专用发票或海关开具的完税凭证。

按规定,应征增值税的混合销售行为所涉及的非应税劳务,以及兼营的非应税劳务中所购进货物的进项税额,只要符合上述条件的,也准予从销项税额中抵扣。

考虑到纳税人实际经营过程中,有一些业务在纳税人的开支中占据较大比重,并且这些业务支出又不能从对方取得增值税专用发票,没有进项税额抵扣,因此会加重企业税收负担。所以,税法对以下三项业务作了特殊规定:

(1)一般纳税人向农业生产者购买的免税农业产品,或者向小规模纳税人购买的农业产品,准予按照买价和13%的扣除率计算进项税额,从当期销项税额中扣除。进项税额的计算公式为:

$$准予抵扣的进项税额 = 买价 \times 扣除率$$

所谓免税农业产品,是指农业生产者销售的自产农业产品。所称买价,包括纳税人购买免税农业产品支付给农业生产者的价款和按规定代收代缴的农业特产税。该价款是指经主管税务机关批准使用的收购凭证上注明的价款。

(2)一般纳税人外购货物(不包括免税农业产品除外的免税货物和固定资产)所支付的运输费用,以及一般纳税人销售货物(不包括免税货物)所支付的运输费用,根据运费结算单据（普通发票）所列运费金额依7%的扣除率计算进项税额，准予扣除，但随同运费支付的装卸费、保险费等其他杂费不得计算扣除进项税额。

这里的运费金额，是指在运输单位开具的货票（运费结算单据）上注明的运费和建设基金。其进项税额的计算公式为：

$$准予抵扣的进项税额 = 运费金额 \times 扣除率$$

（3）生产企业一般纳税人购入废旧物资回收经营单位销售的免税废旧物资，允许按对方开具的由税务机关监制的普通发票上注明的金额依10%的扣除率计算进项税额，准予扣除。其进项税额的计算公式为：

$$准予扣除的进项税额 = 收购金额 \times 扣除率$$

4. 不允许抵扣的进项税额

根据《税法》的规定，下列项目的进项税额不允许从销项税额中抵扣：

（1）购进固定资产。
（2）用于非应税项目的购进货物或应税劳务。
（3）用于免税项目的购进货物或者应税劳务。
（4）用于集体福利或者个人消费的购进货物或者应税劳务。
（5）非正常损失的购进货物。
（6）非正常损失的在产品、产成品所耗用的购进货物或者应税劳务。
（7）纳税人购进货物或者应税劳务，未按照规定取得并保存增值税扣税凭证，或者增值税扣税凭证上未按照规定注明增值税额及其他有关事项，其进项税额不得从销项税额中抵扣。

对上述有关内容需要解释的是：

1）第一项所称固定资产是指使用期限超过12个月的机器、机械、运输工具以及其他与生产经营有关的设备、工具和器具。

2）第三项所称免税项目是指：①农业生产者销售的自产农产品。其中农业生产者是指从事农业生产的单位和个人；农产品是指种植业、养殖业、林业和水产业的初级产品。②避孕药品和用具，是指从事避孕药品和用具的生产、批发和零售。③古旧图书，是指向社会收购的古书和旧书。④直接用于科学研究、科学试验和教学的进口仪器、设备。⑤外国政府、国际组织无偿援助的进口物资和设备。⑥由残疾人组织直接进口供残疾人专用的物品。⑦销售自己使用过的物品，是指个人（不包括个体经营者）销售自己使用过的游艇、摩托车和汽车以外的货物。

【例3—1】 某增值税一般纳税人，销售花生油取得收入9 000元（不含税），取得运输装卸费1 000元。则该纳税人收取的销项税额为：

$$销项税额 = 9\,000 \times 13\% + \frac{1\,000}{1+13\%} \times 13\% = 1\,285（元）$$

【例3—2】 ××公司于2006年6月成立，为增值税一般纳税人，主营业务是生产各种电子信息产品，兼营维修设备。流转税纳税期限为一个月，使用防伪税控系统。2009年2月企业有留抵税额5 000元，3月发生的主要经济业务如下：

（1）3月1日，购进甲种材料20 000件，金额200 000元，税额34 000元，取得增值税专用发票10张，发票于当月通过认证，货已验收入库，货款已经支付；另支付运杂费9 000

元，其中，销货方转交的铁路货运发票注明的运费8 000元，装卸费500元，建设基金500元。

（2）3月3日，售出A型产品一批，开具的专用发票上注明不含税价款300 000元，税金51 000元；用已收到的全部款项351 000元购入某食品油2 000桶，用于发放职工福利，取得增值税专用发票一张。

（3）3月5日，销售3月1日购进的甲材料1 200件，开具普通发票一张，注明价款35 100元。

（4）3月8日，修理××公司机床，开具增值税专用发票一张，注明修理费2 500元，税额425元。

（5）3月19日，收到某公司退货一批，该批货物系2008年12月份售出，因不符合购货方要求，双方协商未果，本月予以退回，货物已验收入库，根据收到的符合税法规定的开具红字增值税专用发票通知单，开具负数专用发票1份，全部款项23 400元已退。

（6）3月21日，销售本企业两年前购买的设备1台，账面原值150 000元，累计折旧为1 000元，售价180 000元，已经开具普通发票一张。

（7）3月22日，因管理不善上月购入原材料被盗，账面价值20 000元。

（8）3月26日，销售B型产品一批，开具增值税专用发票15份，累计注明不含税价款900 000元。

（9）3月27日，把资产盘点过程中不需要的部分资产处理：销售2009年1月购入的设备1台，专用发票上注明价款50 000元，税款8 500元，销售时开具普通发票价款为70 200元，货款全部收讫。

（10）3月28日，从某机械厂购进精密仪器2台，专用发票注明价款50 000元，增值税款8 500元。另支付运费400元，未取得运输发票。

以上所有的抵扣凭证，已经通过了税务机关的认证。要求：根据以上资料计算该厂当月应纳增值税。

【解析】

1. 当期进项税额的计算

业务（1）：购进甲种材料可以抵扣的进项税额 = 34 000 + （8 000 + 500）×7%
= 34 595（元）

业务（10）：购进精密仪器可以抵扣的进项税额 = 8 500（元）

当期的进项税额 = 34 595 + 8 500 = 43 095（元）

2. 进项税额的转出的计算

业务（7）：因管理不善进项税额的转出 = 20 000 × 17% = 3 400（元）

3. 当期销项税额的计算

业务（2）：售出A型产品销项税额 = 51 000（元）

业务（3）：销售甲材料销项税额 = 35 100 ÷ （1 + 17%）× 17% = 5 100（元）

业务（4）：修理机床销项税额 = 425（元）

业务（5）：销售退货销项税额 = －3 400（元）[23 400 ÷ （1 + 17%）× 17%]

业务（8）：销售B型产品销项税额 = 900 000 × 17% = 153 000（元）

业务（9）：销售设备销项税额 = 70 200 ÷ （1 + 17%）× 17% = 10 200（元）

当期的销项税额 = 51 000 + 5 100 + 425 - 3 400 + 153 000 + 10 200 = 216 325（元）

4. 处理旧固定资产的计算

业务（6）：处理旧固定资产应纳增值税 = 180 000 ÷（1 + 4%）× 4% × 50%

$$= 3\,461.54（元）$$

5. 当月应纳增值税税额的计算

当月应纳税额 = 当期销项税额 -（当期进项税额 - 当期进项税额转出） - 期初留抵税额

= 216 325 -（43 095 - 3 400）- 5 000 = 171 630（元）

3月份缴纳增值税 = 171 630 + 3 461.54 = 175 091.54（元）

三、小规模纳税人应纳增值税的计算

小规模纳税人应纳增值税或者应税劳务，按简易办法计算增值税，即按照销售额和规定的征收率计算增值税，不得抵扣进项税额。增值税计算公式为：

$$增值税 = 销售额 × 征收率$$

【例3—3】 有一生产企业属于小规模纳税人，销售其产品（花生油）取得收入 41 200 元。请计算该企业应缴纳的增值税。

【解析】 生产企业作为小规模纳税人，适用3%的征收率，与其销售的货物无关。因其销售额中包含增值税，首先要换算为不含税的销售额后，再计算其应缴纳的增值税。

$$增值税 = \frac{41\,200}{1 + 3\%} × 3\% = 1\,200（元）$$

【例3—4】 某商业企业属于小规模纳税人。2009年3月发生如下业务：

（1）2月份购进的服装销售给一家商场，取得含税销售额3 000元，已由税务所开了增值税专用发票。

（2）购进一批洗衣粉，共付款10 000元，当月销售给消费者个人洗衣粉，取得销售价款2 000元，开具普通发票。

（3）销售给某一般纳税人仪器两台，获得不含税销售额12 000元，开具普通发票。

要求：计算该小规模纳税人3月份应纳增值税。

【解析】 应纳增值税 = [3 000 ÷（1 + 3%）+ 2 000 ÷（1 + 3%）+ 12 000] × 3% = 505.63（元）

模块三 应纳增值税的纳税申报及缴纳

一、增值税一般纳税人申报需要报送的资料

1. 直接纳税申报需要报送的资料

纳税人进行纳税申报必须实行电子信息采集。使用防伪税控系统开具增值税专用发票的纳税人必须在抄税报税成功后，方可进行纳税申报，需提供下述报表与资料：

（1）必报资料

1）增值税纳税申报表（适用于增值税一般纳税人）及其增值税纳税申报表附列资料（表一）、（表二）、（表三）、（表四）。

2）使用防伪税控系统的纳税人，必须报送记录当期纳税信息的IC卡，明细数据备份在

软盘上的纳税人，还必须报送备份数据软盘、增值税专用发票存根联明细表及增值税专用发票抵扣联明细表。

3）资产负债表和损益表。

4）成品油购销存情况明细表（发生成品油零售业务的纳税人填报）。

5）主管税务机关规定的其他必报资料。

纳税申报实行电子信息采集的纳税人，除向主管税务机关报送上述必报资料的电子数据外，还必须报送纸质的增值税纳税申报表（适用于一般纳税人）（主表及附表）。

（2）被查资料

1）已开具的增值税专用发票和普通发票存根联。

2）符合抵扣条件并且在本期申报抵扣的增值税专用发票抵扣联。

3）海关进口货物完税凭证、运输发票、购进农产品普通发票及购进废旧物资普通发票的复印件。

4）收购凭证的存根联或报查联。

5）代扣代缴税款凭证存根联。

6）主管税务机关规定的其他备查资料。

备查资料是否需要在当期报送，由各省级国家税务局确定。

2. 网上纳税申报需要报送的资料

纳税人必须成为增值税一般纳税人后，方可申请开通网上纳税申报，网上报送电子报表。

网上纳税申报的具体内容是：增值税一般纳税人在纳税申报期截止日期的前一个工作日内，通过互联网登录到网上申报系统，填写增值税纳税申报表主表、附表及其他附列资料，审核无误后通过"纳税申报"模块在线提交电子报表。

二、增值税小规模纳税人纳税申报需要报送的资料

小规模纳税人由于计税方法简单，其纳税申报的操作也相对容易。

代理小规模纳税人的增值税申报，应在规定的期限内向主管税务机关报送纳税申报表，分为直接报送申报和网上申报两种。报送资料跟一般纳税人有些类似。

三、增值税纳税申报表的填制

1. 增值税一般纳税人纳税申报表的填制

根据【例3—2】资料填写增值税纳税申报表（见表3—1）的数据如下：

栏次 1 $= 300\,000 + 35\,100 \div 1.17 + 2\,500 - 23\,400 \div 1.17 + 900\,000 + 70\,200 \div 1.17$
$= 1\,272\,500$（元）

栏次 2 $= 1\,270\,000$（元）

栏次 3 $= 2\,500$（元）

栏次 5 $= 180\,000 \div 1.04 = 173\,076.92$（元）

栏次 11 $= 1\,272\,500 \times 17\% = 216\,325$（元）

栏次 12 $= 34\,595 + 8\,500 = 43\,095$（元）

栏次 13 $= 5\,000$（元）

栏次 14 $= 20\,000 \times 17\% = 3\,400$（元）

栏次 17 $= 43\,095 - 3\,400 + 5\,000 = 44\,695$（元）

栏次 18 = 44 695（元）
栏次 19 = 216 325 - 44 695 = 171 630（元）
栏次 21 = 173 076.92 × 4% = 6 923.08（元）
栏次 23 = 6 923.08 × 50% = 3 461.54（元）
栏次 24 = 171 630 + 6 923.08 - 3 461.54 = 175 091.54（元）
栏次 34 = 175 091.54（元）

表 3—1　　　　　　　　　增值税纳税申报表
（适用于增值税一般纳税人）

根据《中华人民共和国增值税暂行条例》第二十二条及第二十三条的规定，制作本表。纳税人不论有无销售额，均应按主管税务机关核定的纳税期限按期填报本表，并于次月 1 日至 15 日内，向当地税务机关申报。

税款所属时间：自　年　月　日至　年　月　日　填表日期：　年　月　日　金额单位：元（列至角分）
纳税人识别号□□□□□□□□□□□□□□□　　　所属行业：

纳税人名称	（公章）	法定代表人姓名		注册地址		营业地址	
开户银行及账号		企业登记注册类型				电话号码	

	项目		栏次	一般货物及劳务		即征即退货物及劳务	
				本月数	本年累计	本月数	本年累计
销售额	（一）按适用税率征税货物及劳务销售额		1				
	其中：应税货物销售额		2				
	应税劳务销售额		3				
	纳税检查调整的销售额		4				
	（二）按简易征收办法征税货物销售额		5				
	其中：纳税检查调整的销售额		6				
	（三）免、抵、退办法出口货物销售额		7				
	（四）免税货物及劳务销售额		8				
	其中：免税货物销售额		9				
	免税劳务销售额		10				
税款计算	销项税额		11				
	进项税额		12				
	上期留抵税额		13				
	进项税额转出		14				
	免抵退货物应退税额		15				
	按适用税率计算的纳税检查应补缴税额		16				
	应抵扣税额合计		17 = 12 + 13 - 14 - 15 + 16				
	实际抵扣税额		18（若 17 < 11，则为 17，否则为 11）				

续表

项目		栏次	一般货物及劳务		即征即退货物及劳务	
			本月数	本年累计	本月数	本年累计
税款计算	应纳税额	19＝11－18				
	期末留抵税额	20＝17－18				
	简易征收办法计算的应纳税额	21				
	按简易征收办法计算的纳税检查应补缴税额	22				
	应纳税额减征额	23				
	应纳税额合计	24＝19＋21－23				
	期初未缴税额（多缴为负数）	25				
	实收出口开具专用缴款书退税额	26				
	本期已缴税额	27＝28＋29＋30＋31				
	①分次预缴税额	28				
	②出口开具专用缴款书预缴税额	29				
	③本期缴纳欠缴上期应纳税额	30				
	④本期缴纳欠缴税额	31				
	期末未缴税额（多缴为负数）	32＝24＋25＋26－27				
	其中：欠缴税额（≥0）	33＝25＋26－27				
	本期应补（退）税额	34＝24－28－29				
	即征即退实际退税额	35				
	期初未缴查补税额	36				
	本期入库查补税额	37				
	期末未缴查补税额	38＝16＋22＋36－37				
授权声明	如果你已委托代理人申报，请填写下列资料： 为代理一切税务事宜，现授权 （地址） 为本纳税人的代理申报人，任何与本申报报表有关的往来文件，都可寄予此人。 授权人签字：	申报人声明	此纳税申报表是根据《中华人民共和国增值税暂行条例》的规定填报的，我相信它是真实的、可靠的、完整的。 声明人签字：			

以下由税务机关填写：

收到日期： 接收人： 主管税务机关盖章：

2. 小规模纳税人纳税申报表的填制

根据【例3—4】资料填写增值税申报表（见表3—2）的数据如下。

栏次1＝2 912.62＋13 941.75＝16 854.37（元）

栏次2＝3 000÷1.03＝2 912.62（元）

栏次3＝2 000÷1.03＋12 000＝13 941.75（元）

栏次 11 = 16 854.37 × 3% = 505.63（元）

栏次 13 = 505.63（元）

栏次 15 = 505.63（元）

表 3—2　　　　　　　　　　　增值税纳税申报表
（适用于小规模纳税人）

根据《中华人民共和国增值税暂行条例》第二十二条及第二十三条的规定，制作本表。纳税人不论有无销售额，均应按主管税务机关核定的纳税期限按期填报本表，并于次月1日至10日内，向当地税务机关申报。

纳税人识别号□□□□□□□□□□□□□□□

纳税人名称（公章）：　　　　　　　　　　　　　　　　　　　　金额单位：元（列至角分）

税款所属期：　年　月　日至　年　月　日　　　　　　　　　　　填表日期：　年　月　日

	项目	税目、征收率	栏次	本月数	本年累计
计税依据	（一）应征增值税货物及劳务不含税销售额		1		
	其中：税务机关代开的增值税专用发票不含税销售额		2		
	税控器具开具的普通发票不含税销售额		3		
	（二）销售使用过的应税固定资产不含税销售额		4		
	其中：税控器具开具的普通发票不含税销售额		5		
	（三）免税货物及劳务销售额		6		
	其中：税控器具开具的普通发票销售额		7		
	（四）出口免税货物销售额		8		
	其中：税控器具开具的普通发票销售额		9		
	直接出口货物免税销售额		10		
税款计算	本期应纳税额		11		
	本期应纳税额减征额		12		
	应纳税额合计		13 = 11 - 12		
	本期税务机关代开的增值税专用发票预缴税额		14		
	本期应补（退）税额		15 = 13 - 14		

纳税人或代理人声明：此纳税申报表是根据《中华人民共和国增值税暂行条例》的规定填报的，我相信它是真实的、可靠的、完整的	如纳税人填报，由纳税人填写以下各栏：		
	办税人员（签章）：	财务负责人（签章）：	
	法定代表人（签章）：	联系电话：	
	如委托代理人填报，由代理人填写以下各栏：		
	代理人名称：	经办人（签章）：	联系电话：
	代理人（公章）：		

受理人：　　　　　受理日期：　年　月　日　　　　　受理税务机关（签章）：

注：本表一式三份，一份纳税人留存，一份主管税务机关留存，一份征收部门留存。

练 习

一、单项选择题

1. 下列各项收入中,应缴纳增值税的是( )。
   A. 广告公司广告费收入
   B. 邮政部门邮政储蓄收入
   C. 某房地产开发公司销售办公楼收入
   D. 某商店零售化妆品收入

2. 下列各项中,属于视同销售行为应当计算销项税额的是( )。
   A. 将购买的货物用于非应税项目
   B. 将自产的货物委托外单位加工
   C. 将购买的货物无偿赠送他人
   D. 将购买的货物用于个人消费

3. 下列项目中不允许扣除进项税额的是( )。
   A. 一般纳税人委托修理设备支付的修理劳务费
   B. 商业企业购进货物用于集体福利
   C. 生产企业销售自产机器设备时支付的运费
   D. 生产企业购买生产用原材料支付的运费

4. 一般纳税人销售下列货物,适用13%税率的是( )。
   A. 销售图书
   B. 销售金银首饰
   C. 销售化妆品
   D. 销售机器设备

5. 下列货物销售,适用17%税率的是( )。
   A. 某自来水公司生产自来水销售
   B. 某蛋禽厂加工松花蛋销售
   C. 某农机厂生产农机零部件销售
   D. 某煤气公司生产煤气销售

6. 某生产果酒企业为增值税一般纳税人,月销售收入为128.7万元(含税),当期发出包装物收取押金为5.85万元,当期逾期未归还包装物押金为2.34万元。该企业本期应申报的销项税额为( )。
   A. 21.87万元
   B. 20.74万元
   C. 19.55元
   D. 20.797 8万元

7. 某商场(增值税一般纳税人)实行还本销售家具,家具现售价16 500元(含税),5年后还本,该商场增值税的计税销售额为( )。
   A. 16 500元
   B. 16 500/5元
   C. 16 500/(1+17%)元
   D. 5年后纳税,现在不纳税

二、多项选择题

1. 下列各项中,对其应当征收增值税的有( )。
   A. 医院提供治疗并销售药品
   B. 邮局提供邮政服务并销售集邮商品
   C. 商店销售空调并负责安装
   D. 汽车修理厂修车并提供洗车服务

2. 根据增值税的有关规定,不能认定为增值税一般纳税人的有( )。
   A. 个体经营者以外的其他个人
   B. 年应税销售额在180万元以下、会计核算制度健全的商店
   C. 年销售额超过小规模纳税标准的废气回收单位
   D. 不经常发生应税行为的企业

3. 对下列应当征收增值税的混合销售行为有( )。

A. 电信部门销售电话并提供电信服务 B. 企业生产防盗门出售并负责安装
C. 宾馆提供客房服务并提供烟酒 D. 电器城销售电器并负责送货上门

4. 对下列销售行为应征收增值税的有（   ）。
A. 销售电力   B. 销售自来水   C. 销售房屋   D. 销售农药

5. 对下列选项内容应该征收增值税的有（   ）。
A. 货物期货   B. 银行销售金银的业务
C. 寄售商店代销的寄售物品   D. 邮政部门销售邮票

三、计算题

1. 某通信设备厂为增值税一般纳税人，2009年1月份发生以下购销业务：

（1）购入一批原材料，已验收入库，取得的增值税专用发票上注明的税款为15万元。

（2）购进原材料时向运输公司支付运杂费4万元，其中运费2.5万元，建设基金0.5万元，装卸费1万元，并取得运输公司开具的运输发票。

（3）本月销售手机取得不含税销售收入100万元；将100部自产的手机奖励给本企业优秀职工，同类型手机的出厂价格为每部0.2万元。

试计算该通信设备厂当月应纳增值税。

2. 某家用电器商场为增值税一般纳税人，2009年3月份发生以下经济业务：

（1）销售空调100台，每台售价5 000元。

（2）销售冰柜20台，每台售价3 600元，并实行买一赠一，赠送的小家电价值为400元/件。

（3）以旧换新销售冰箱50台，旧冰箱收购价为200元/台，新冰箱实际收款为1 800元/台。

（4）从生产厂家购进冰柜50台，取得的增值税专用发票上注明税金为60 000元。

（5）从小规模纳税人企业购进50 000元的修理用配件，未取得增值税专用发票。

以上销售货物的价格均为不含税价格。

试计算该家用电器商场当月应纳增值税。

四、实务题

××公司为增值税一般纳税人，2008年1月份发生以下业务：

（1）使用防伪税控系统开具增值税专用发票6份，销售额合计为60 000元，销项税额9 400元，其中：

1）适用税率为17%的应税货物专用发票1份，销售额10 000元，销项税额1 700元。

2）适用税率为13%的应税货物专用发票2份，销售额20 000元，销项税额2 600元。

（2）提供应税劳务，开具专用发票3份，销售额30 000元，销项税额5 100元。

（3）1月份抵扣认证相符的防伪税控系统开具的增值税专用发票8份，金额160 000元，税额27 200元，其中：

1）1月份当期认证相符且本期申报抵扣防伪税控增值税专用发票7份，金额70 000元，税额11 900元。

2）本期已认证相符但未申报抵扣的专用发票1份，金额90 000元，税额15 300元。

3）另外还取得扣除率为10%的其他扣税凭证8份，金额80 000元，税额8 000元。

（4）公司上期留抵税额10 000元，期初超缴10 000元，当期实收出口开具专用缴款书退税额5 000元，本期出口开具专用缴款书预缴税额1 000元。

试根据上述数据填写增值税纳税申报表。

第四单元　消费税的纳税申报

学习目标
1. 了解消费税的含义、征税范围、税目和税率及纳税环节；
2. 掌握消费税的计算及申报与缴纳。

模块一　认识消费税

一、消费税概述

消费税是对在我国境内从事生产、委托加工和进口应税消费品的单位和个人，就其销售额或销售数量所征收的一种税。

消费税实行价内税，在对货物普遍征收增值税的基础上，选择少数消费品再征收一道消费税，主要是为了调节产品结构，引导消费方向，保证国家财政收入。

消费税纳税环节有生产工具环节、委托加工环节、进口环节和零售环节。消费税的税款最终由消费者承担。

二、消费税的征税范围

我国将以下五种类型的消费品列入消费税的征税范围（具体14类消费品见表4—1）

（1）过度消费会对人身健康、社会秩序和生态环境等方面造成危害的特殊消费品，如烟、酒、鞭炮和焰火等。

（2）非生活必需品，如化妆品、贵重首饰及珠宝玉石等。

（3）高能耗品及高档消费品，如摩托车、小汽车和游艇等。

（4）不可再生和替代的稀缺资源消费品，如成品油等。

（5）具有一定财政意义的消费品，如汽车轮胎等。

三、消费税的税目

按照《中华人民共和国消费税暂行条例》规定，消费税共设置了14个税目，有的税目还进一步划分出子目，共29个应税品种。

1. 烟

凡是以烟叶为原料加工生产的产品，不论使用何种辅料均属于该税目的征收范围，包括卷烟（进口卷烟、白包卷烟、手工卷烟和未经国务院批准纳入计划的企业及个人生产的卷烟）、雪茄烟和烟丝。

2. 酒及酒精

酒是指酒精在1度以上的各种酒类饮料。酒精又名乙醇，是指用蒸馏或合成方法生产酒精的酒精度在95度以上的无色透明液体。酒包括白酒、黄酒、啤酒和其他酒。酒精包括各种工业酒精、医用酒精和食用酒精。

3. 化妆品

化妆品是指日常生活中用于修饰美化人体表面的用品，包括香水、香水精、香粉、口红、指甲油、胭脂、眉笔、蓝眼油、眼睫毛和成套化妆品等。舞台、戏剧、影视演员化妆用的上妆油、卸妆油和油彩，不属于该税目的征收范围。高档护肤类化妆品的征收范围另行制定。

4. 贵重首饰及珠宝玉石

凡以金、银、白金、宝石、珍珠、钻石、翡翠、珊瑚、玛瑙等高贵稀有物质以及其他金属、人造宝石等制作的各种纯金银首饰及镶嵌首饰和经采掘、打磨、加工的各种珠宝玉石，均属于该税目征税范围。对出国人员免税商店销售的金银首饰征收消费税。

5. 鞭炮、焰火

该征收项目包括各种鞭炮和焰火。但是，体育上用的发令纸、鞭炮药引线，不按该税目征收。

6. 成品油

该税目包括汽油、柴油、石脑油、溶剂油、航空煤油、润滑油、燃料油七个子目。其中，燃料油暂按应纳税额的30%征收消费税；航空煤油暂缓征收消费税。

7. 汽车轮胎

汽车轮胎是指用于各种汽车、挂车、专用车和其他机动车上的内、外胎。该税目的征税范围包括轻型乘用汽车轮胎，载重、公共汽车、无轨电车轮胎，摩托车轮胎，各种挂车用轮胎，工程车轮胎，其他机动车轮胎，汽车与农用拖拉机、收割机、手扶拖拉机通用轮胎。农用拖拉机、收割机、手扶拖拉机的专用轮胎不属于该税目的征收范围。

8. 摩托车

摩托车税率按排量分档设置，气缸容量在250毫升（含）以下的，税率为3%；气缸容量在250毫升以上的，税率为10%。

9. 小汽车

汽车是指由动力驱动，具有四个或四个以上车轮的非轨道承载的车辆。在小汽车税目下分设乘用车、中轻型商用客车子目。该税目征收范围包括驾驶员座位在内最多不超过9个座位（含）的、在设计和技术特性上用于载运乘客和货物的各类乘用车，含驾驶员座位在内的座位数在10~23座（含23座）的、在设计和技术特性上用于载运乘客和货物的各类中轻型商用客车。用排气量小于1.5升（含）的乘用车底盘（车架）改装、改制的车辆属于乘用车征收范围。用排气量大于1.5升的乘用车底盘（车架）或用中轻型商用客车底盘（车架）改装、改制的车辆属于中轻型商用客车征收范围。含驾驶员人数（额定载客）为区间值（如8~10人、17~26人）的小汽车，按其区间值下限人数确定征收范围。电动汽车不属于该税目征收范围。

10. 高尔夫球及球具

高尔夫球及球具是指从事高尔夫运动所需的各种专用设备，包括高尔夫球、高尔夫球杆及高尔夫球包（袋）等。高尔夫球是指重量不超过45.93克、直径不超过42.67毫米的高尔夫球运动比赛、练习用球；高尔夫球杆是指被设计用来打高尔夫球的工具，由杆头、杆身和握把三部分组成；高尔夫球包（袋）是指专用于盛装高尔夫球及球杆的包（袋）。该税目征收范围包括高尔夫球、高尔夫球杆和高尔夫球包（袋）。

11. 高档手表

高档手表是指销售价格（不含增值税）每块在10 000元（含）以上的各类表。该税目征收范围包括符合以上标准的各类手表。

12. 游艇

游艇是指长度大于8米小于90米，船体由玻璃钢、钢、铝合金、塑料等多种材料制作，可以在水上移动的水上浮载体。游艇按照动力划分，分为无动力游艇、帆艇和机动艇。该税目征收范围包括艇身长度大于8米（含）小于90米（含），内置发动机，可以在水上移动，一般为私人或团体购置，主要用于水上运动和有限娱乐等非牟利活动的各类机动艇。

13. 木制一次性筷子

木制一次性筷子又称卫生筷子，是指以木材为原料经过锯段、浸泡、旋切、刨切、烘干、筛选、打磨、倒角包装等环节加工而成的各类一次性使用的筷子。未经打磨、倒角的木制一次性筷子也属于该税目征税范围。

14. 实木地板

实木地板是指以木材为原料，经锯割、干燥、刨光、截断、开榫、涂漆等工序加工而成的块状或条状的地面装饰材料。实木地板按生产工艺不同，可分为独板（块）实木地板、实木指接地板和实木复合地板三类；按表面处理状态不同，可分为未涂饰地板（白坯板、素板）和漆饰地板两类。该税目征收范围包括各类规格的实木地板、实木指接地板、实木复合地板及用于装饰墙壁、天棚的侧端面为榫、槽的实木装饰板。未经涂饰的素板也属于该税目征收范围。

四、消费税的税率（税额）

消费税的税率采用两种形式，即比例税率和定额税率，以适应不同应税消费品的实际情况。

消费税共设置了14个税目，在其中的部分税目下又设置了若干个子目。具体来说，对黄酒、啤酒和各种成品油采用定额税率，实行从量定额征收，主要是考虑其社会需求量大，供需平衡，且价格差异不大，计量单位规范，征收起来简便易行；其余的税目因供求矛盾突出、价格差异大、计量单位不规范等原因，在税率设计上采用产品差别比例税率，最低1%，最高56%，具体见表4—1。

表4—1　　　　　　　　　　　消费税税目、税率表

税目	税率
一、烟	
1. 烟卷	
（1）甲类卷烟	56%加0.003元/支（批发环节加征5%的从价税）
（2）乙类卷烟	36%加0.003元/支（批发环节加征5%的从价税）
2. 雪茄烟	36%
3. 烟丝	30%

续表

税目	税率
二、酒及酒精	
1. 白酒	20%加0.5元/500克（或者500毫升）
2. 黄酒	240元/吨
3. 啤酒	
（1）甲类啤酒	250元/吨
（2）乙类啤酒	220元/吨
4. 其他酒	10%
5. 酒精	5%
三、化妆品	30%
四、贵重首饰及珠宝玉石	
1. 金银首饰、铂金首饰和钻石饰品	5%
2. 其他贵重首饰和珠宝玉石	10%
五、鞭炮、焰火	15%
六、成品油	
1. 汽油	
（1）含铅汽油	1.4元/升
（2）无铅汽油	1.0元/升
2. 柴油	0.8元/升
3. 航空煤油	0.8元/升
4. 石脑油	1.0元/升
5. 溶剂油	1.0元/升
6. 润滑油	1.0元/升
7. 燃料油	0.8元/升
七、汽车轮胎	3%
八、摩托车	
1. 气缸容量（排气量，下同）在250毫升（含250毫升）以下的	3%
2. 气缸容量在250毫升以上的	10%
九、小汽车	
1. 乘用车	
（1）气缸容量（排气量，下同）在1.0升（含1.0升）以下的	1%
（2）气缸容量在1.0升以上至1.5升（含1.5升）的	3%
（3）气缸容量在1.5升以上至2.0升（含2.0升）的	5%
（4）气缸容量在2.0升以上至2.5升（含2.5升）的	9%
（5）气缸容量在2.5升以上至3.0升（含3.0升）的	12%
（6）气缸容量在3.0升以上至4.0升（含4.0升）的	25%
（7）气缸容量在4.0升以上的	40%
2. 中轻型商用客车	5%
十、高尔夫球及球具	10%

续表

税目	税率
十一、高档手表	20%
十二、游艇	10%
十三、木制一次性筷子	5%
十四、实木地板	5%

纳税人将不同税率的应税消费品组成成套消费品销售的，从高适用税率。纳税人兼营不同税率应税消费品的，应分别核算不同税率的应税消费品的销售额和销售数量分别计税；未分别核算的，从高适用税率。

五、消费税的计算

1. 消费税的纳税环节

消费税的纳税环节具体有以下四种情况：

（1）纳税人生产的应税消费品销售的（即自产自销），由生产者销售时纳税。

（2）纳税人自产自用的应税消费品，用于连续生产应税消费品的，不纳税；用于其他方面的，于移送使用时纳税。

（3）委托加工的应税消费品，由受托方在向委托方交货时代收代缴税款。委托加工的应税消费品，委托方用于连续生产应税消费品的，所纳税款准予按规定抵扣。

（4）进口的应税消费品，于报关进口时纳税。

2. 自产自销应税消费品应纳消费税的计算

纳税人生产的应税消费品销售的，由生产者于销售时根据销售额或销售数量计算纳税额。其计算公式有三种情况：

（1）实行从价定率计税的：

$$应纳消费税 = 销售额 \times 税率$$

（2）实行从量定额计税的：

$$应纳消费税 = 销售额 \times 单位税额$$

（3）实行复合计税的：

$$应纳消费税 = 销售数量 \times 单位税额 + 销售额 \times 税率$$

【例4—1】 某化工厂为增值税一般纳税人，本月销售情况分两部分：销售化妆品给超市，开具增值税专用发票，取得不含税销售额90万元；销售化妆品给小商店，开具普通发票，取得销售额11.7万元。请计算该化妆品厂应缴纳的消费税。

【解析】 销售给增值税小规模纳税人的，开具普通发票，说明其销售是含税的，所以应把含增值税的销售额换算为不含增值税的销售额后，再计算应缴纳的消费税。查税率表可知，化妆品的消费税税率为30%，故：

$$应纳消费税 = 90 \times 30\% + \frac{11.7}{1+17\%} \times 30\% = 30（万元）$$

自产自销下，销售数量是指销售应税消费品的数量。实行从量定额征收的应税消费品只有黄酒、啤酒、汽油和柴油这四种产品。实行复合计税的白酒和卷烟，其计算公式中的销售额数量的确定与此相同。

按规定，黄酒、啤酒是以吨为税额单位；汽油、柴油是以升为税额单位。但是，考虑到实际销售过程中,一些纳税人会把吨或升这两个计量单位混用,为了规范不同产品的计量单位,以准确计算应纳税额,规定吨与升两个计量单位的换算标准如下:

啤酒:1 吨 = 988 升

黄酒:1 吨 = 962 升

汽油:1 吨 = 1 388 升

柴油:1 吨 = 1 176 升

【例4—2】 某啤酒厂当月销售啤酒296 400升,每吨啤酒出厂价格为3 500元(不含增值税),请计算该啤酒厂当月应缴纳的消费税。

【解析】 啤酒的计量单位换算标准是1吨=988升。每吨啤酒出厂价格为3 500元,属甲类啤酒。查税率表可知,其单位税额为250元/吨,故:

$$全年售量 = \frac{296\ 400}{988} = 300\ (吨)$$

$$应纳消费税 = 300 \times 250 = 75\ 000\ (元)$$

3. 特殊情况下销售额、销售数量的确定

(1) 卷烟销售额的确定。卷烟实行复合计税,计算公式中的销售额为计税调拨价格或核定价格。调拨价格是指卷烟生产企业通过卷烟交易市场与购货方签订的卷烟交易价格。计税调拨价格由国家税务总局依据调拨价格确定。核定价格是指由税务机关根据零售价格按一定比例倒算生产销售额的办法来核定计税价格,其计算公式为:

$$某牌子规格卷烟的核定价格 = \frac{该牌号规格卷烟的零售价格}{1 + 56\% 或 36\%}$$

(2) 自产应税消费品特殊使用情况下销售额的确定。纳税人以自产应税消费品换取生产资料和消费资料、投资入股和抵偿债务的,应当以同类应税消费品的最高销售价格作为销售额计算消费税。

【例4—3】 某摩托车厂为增值税小规模纳税人,用自产的300毫升排量摩托车20辆抵偿债务,摩托车的零售价分别为5 800元/辆、6 600元/辆,计算该摩托车厂应缴纳的消费税。

【解析】 摩托车适用消费税税率为10%,故:

$$应纳消费税 = \frac{6\ 600}{1 + 6\%} \times 20 \times 10\% = 12\ 452.83\ (元)$$

(3) 自产应税消费品特殊销售情况下销售额或销售数量的确定。纳税人通过自设非独立核算门市部销售自产应税消费品的,应当按照门市部对外的销售额或销售数量计算消费税,而不能按照厂家对门市部的销售额或销售数量计算消费税。

【例4—4】 某化妆品厂为增值税一般纳税人,将生产的一种化妆品以每套580元(不含增值税)的出厂价给自设非独立核算门市部100套,门市部又以每套630元的价格零售给消费者,计算该化妆品厂应缴纳的消费税。

【解析】 化妆品适用消费税税率为30%,故:

$$应纳消费税 = \frac{630}{1 + 17\%} \times 100 \times 30\% = 16\ 153.85\ (元)$$

4. 自产自用应税消费品应纳消费税的计算

纳税人自产自用的应税消费品,用于其他方面的,应当于移送使用时纳税,其计算公式为：

（实行从价定率计税的）应纳消费税＝销售额×税率

（实行从量定额计税的）应纳消费税＝销售数量×单位税额

（实行复合计税的）应纳消费税＝销售数量×单位数量＋销售额×税率

实行从价定率计税或复合计税（从价部分）的，按以下顺序确定销售额：

（1）按纳税人同类消费品的销售价格计算销售额。

（2）没有同类消费品销售价格的，以组成计税价格作为销售额。

组成计税价格的计算公式为：

$$组成计税价格 = \frac{成本 + 利润}{1 - 消费税税率}$$

$$应纳消费税 = 组成计税价格 \times 税率$$

需要解释的是，"同类消费品的销售价格"是指纳税人或代收代缴义务人当月销售的同类消费品的销售价格，如果当月同类消费品各期销售价格高低不同，应按销售数量加权平均计算。但销售的应税消费品有下列情况之一的，不得列入加权平均计算：

（1）销售价格明显偏低又无正当理由的。

（2）无销售价格的。

如果当月无销售或者当月未完结，应按照同类消费品上月或最近月份的销售价格计算纳税。

【例4—5】 某化妆品厂为增值税一般纳税人，特制一批化妆品分给职工。该化妆品厂无此产品的市场销售价格。税务机关确定按组成计税价格计算税款，该化妆品成本为50 000元。请计算该化妆品厂应缴纳的消费税。

【解析】 纳税人自产化妆品分给职工，属于自产自用应税消费品且用于其他方面的情况，因此应缴纳消费税，由于没有同类货物的市场销售价格，应按组成计税价格计算税款。化妆品的成本利润率为5%，化妆品的消费税税率为30%，故：

$$组成计税价格 = \frac{50\,000 \times (1 + 5\%)}{1 - 30\%} = 75\,000（元）$$

$$应纳消费税 = 75\,000 \times 30\% = 22\,500（元）$$

纳税人自产自用应税消费品，实行从量定额计税或复合计税（从量部分）的，应税消费品的移送使用数量为销售数量。

【例4—6】 某炼油厂生产无铅汽油5 000吨，其中厂内汽车用油200吨，请计算该炼油厂应缴纳的消费税。

【解析】 移送使用数量为销售数量，汽油计量单位的换算标准为1吨＝1 388升，无铅汽油的税额为1.0元/升，故：

$$应纳消费税 = 200 \times 1\,388 \times 1.0 = 277\,600（元）$$

5. 委托加工应税消费品应纳消费税的计算

委托加工的应税消费品，由受托方在向委托方交货时代收代缴税款。其计算公式为：

（实行从价定率计税的）应纳消费税＝销售额×税率

（实行从量定额计税的）应纳消费税＝销售数量×单位税额

（实行复合计税的）应纳消费税＝销售数量×单位税额＋销售额×税率

实行从价定律计税或复合计税（从价部分）的，按以下顺序确定销售额：
(1) 按照受托方的同类消费品的销售价格计算纳税。
(2) 没有同类消费品销售价格的，按照组成计税价格计算纳税。

组成计税价格的计算公式为：

$$组成计税价格 = \frac{材料成本 + 加工费}{1 - 消费税税率}$$

$$应纳消费税 = 组成计税价格 \times 税率$$

需要解释的是，"同类消费品的销售价格"是指受托方（即代收代缴义务人）当月销售的同类消费品的销售价格，如果当月同类消费品各期价格高低不同，应按销售数量加权平均计算。但销售的应税消费品有下列情况之一的，不得列入加权平均计算：
(1) 销售价格明显偏低又无正当理由的。
(2) 无销售价格的。

如果当月无销售或者当月未完结，应按照同类消费品上月或最近月份的销售价格计算纳税。

【例4—7】 某化妆品厂为增值税一般纳税人，委托某工厂加工一批化妆品，提供原材料价值30 000元，委托方开具的增值税专用发票上注明加工费5 000元，该批加工产品已收回（受托方没有同类化妆品的销售价格）。计算该化妆品厂应缴纳的消费税。

【解析】 纳税人委托加工应税消费品，具体的税款缴纳过程由委托方来完成。因受托方没有同类化妆品的销售价格，应按组成计税价格计算税款，化妆品的消费税税率为30%，故：

$$组成计税价格 = \frac{30\,000 + 5\,000}{1 - 30\%} = 50\,000（元）$$

$$应纳消费税 = 50\,000 \times 30\% = 15\,000（元）$$

纳税人委托加工应税消费品，实行从量定额计税或复合计税（从量部分）的，纳税人收回的应税消费品数量为销售数量。

【例4—8】 某酒厂委托另一工厂加工啤酒，提供原材料价值10万元，委托方开具的增值税专用发票上注明加工费2万元，收回该批加工产品100吨，受托方该类啤酒每吨出厂价格为3 500元（不含增值税）。计算该酒厂应缴纳的消费税。

【解析】 纳税人委托加工啤酒，具体的税款缴纳过程由委托方来完成。因受托方同类啤酒的出厂价格为3 500元（不含增值税），属甲类啤酒，所以适用单位税额为250元/吨。啤酒实行从量定额计税，因此税款的计算与销售价格无关，收回的数量为销售数量，故：

$$应纳消费税 = 100 \times 250 = 25\,000（元）$$

6. 用外购已税消费品连续生产应税消费品应纳消费税的计算

为避免重复征税，用外购已税消费品连续生产应税消费品，准予从应纳消费税税额中按当期生产领用数量计算扣除购进的应税消费品已纳消费税税额，但仅适用于以下七种连续生产的情况：
(1) 外购已税烟丝生产的卷烟。
(2) 外购已税化妆品生产的化妆品。

（3）外购已税护肤护发品生产的护肤护发品。
（4）外购已税珠宝玉石生产的贵重首饰及珠宝玉石。
（5）外购已税鞭炮、焰火生产的鞭炮、焰火。
（6）外购已税汽车轮胎（内胎和外胎）生产的汽车轮胎。
（7）外购已税摩托车生产的摩托车（如用外购两轮摩托车改装三轮摩托车）。

用外购已税消费品连续生产应税消费品应纳消费税的计算公式为：

应纳税额 = 销售额 × 税率 − 外购应税消费品已纳税款

外购已税消费品已纳税款 = 当期准予扣除的外购已税消费品买价 × 外购已税消费品适用税率

当期准予扣除的外购已税消费品买价 = 期初库存的外购已税消费品的买价 + 当期购进的已税消费品的买价 − 期末库存的外购已税消费品的买价

外购已税消费品的买价是指购货发票上注明的销售额（不包括增值税税额）。

【例4—9】 某卷烟厂从另一卷烟生产企业（增值税一般纳税人）购买已税烟丝280.8万元（未扣增值税），加工成甲类卷烟200标准箱。每箱1.5万元（每标准箱为50标准条1万支）全部出售。计算该卷烟厂应缴纳的消费税。

【解析】 要从生产销售卷烟所应缴纳的消费税中扣除外购烟丝已纳的税款，因外购烟丝的买价中包含增值税，要先剔除掉增值税后再计算外购烟丝已纳的税款，烟丝的税率为30%。甲类卷烟复合计税，其中比例税率为56%，定额税率为每支0.003元，故：

$$应纳消费税 = 200 \times 1.5 \times 56\% + \frac{200 \times 10\,000 \times 0.003}{10\,000} - \frac{280.8}{1+17\%} \times 30\%$$

$$= 96.6（万元）$$

7. 委托加工收回的已税消费品连续生产应税消费品应纳消费税的计算

因委托加工的应税消费品在委托方提货时已由受托方代收代缴消费税，为避免重复征税，用委托加工收回的已税消费品连续生产应税消费品，准予从应纳消费税税额中按当期生产领用数量计算扣除委托加工收回的应税消费品已纳消费税税款，但仅适用于以下七种连续生产的情况：

（1）以委托加工收回的已税烟丝为原料生产的卷烟。
（2）以委托加工收回的已税化妆品为原料生产的化妆品。
（3）以委托加工收回的已税护肤护发品为原料生产的护肤护发品。
（4）以委托加工收回的已税珠宝玉石为原料生产的贵重首饰及珠宝玉石。
（5）以委托加工收回的已税鞭炮、焰火为原料生产的鞭炮、焰火。
（6）以委托加工收回的已税汽车轮胎为原料生产的汽车轮胎。
（7）以委托加工收回的已税摩托车为原料生产的摩托车。

需要说明的是，纳税人用委托加工收回的已税珠宝玉石生产的改在零售环节征收消费税的金银首饰，在计税时一律不得扣除委托加工收回的珠宝玉石的已纳消费税税款。

用委托加工收回的已税消费品连续生产已税消费品应纳消费税的计算公式为：

应纳税额 = 销售额 × 税率 − 委托加工应税消费品已纳税款

委托加工应税消费品已纳税款 = 期初库存的委托加工应税消费品已纳税款 + 当期收回的委托加工应税消费品应纳税款 − 期末库存的委托加工应税消费品已纳税款

【例4—10】 某日用化工厂为增值税一般纳税人，委托甲厂加工洗发水，运回时被代收代缴消费税800元；委托乙厂加工护发素，运回时被代收代缴消费税400元，该厂将两者继续加工生产护发品以供出售，开具普通发票，取得销售额40 000元。请计算该日用化工厂应缴纳的消费税。

【解析】 应从出售护发品应纳的消费税税额中扣除委托加工收回的洗发水和护发素已纳的消费税税款。护发品的消费税税率为30%，故：

$$应纳消费税 = \frac{40\,000}{1+17\%} \times 30\% - 800 - 400$$
$$= 9\,056.41（元）$$

8. 进口应税消费品应纳消费税的计算

纳税人进口应税消费品，按照组成计税价格或进口数量计算纳税。其计算公式为：

（实行从价定率计税的）应纳消费税 = 组成计税价格 × 税率

（实行从量定额计税的）应纳消费税 = 进口数量 × 单位税额

（实行复合计税的）应纳消费税 = 进口数量 × 单位税额 + 组成计税价格 × 税率

组成计税价格的计算公式为：

$$组成计税价格 = \frac{关税完税价格 + 关税}{1 - 消费税税率}$$

关税完税价格是指海关核定的关税计税价格。

【例4—11】 某外贸进出口公司从日本进口200辆小轿车，气缸容量为2 500毫升，海关确定每辆车的关税完税价格为10万元，关税税额为8.2万元。请计算该公司进口这些轿车应缴纳的消费税。

【解析】 进口应税消费品，按照组成计税计算消费税，故：

$$组成计税价格 = \frac{10 + 8.2}{1 - 9\%} \times 200 = 4\,000（万元）$$

$$应纳消费税 = 4\,000 \times 9\% = 360（万元）$$

9. 出口应税消费品退（免）消费税的计算

出口应税消费品退（免）消费税在政策上分为以下三种情况：

（1）出口免税并退税。

（2）出口免税但不退税。

（3）出口不免税也不退税。

只有适用出口免税并退税政策时，才会涉及计算应退消费税的问题，即外贸企业购进应税消费品直接出口或其他外贸企业的委托代理出口应税消费品就要计算应退消费税税款，其计算分以下几种情况：

（1）属于从价定率计征消费税的应税消费品，应依据外贸企业从工厂购进货物时征收消费税的价格计算应退消费税税款，其公式为：

应退消费税税款 = 出口货物的工厂销售额 × 税率

出口货物的工厂销售额不含增值税，如果包含增值税，则价税分离换算成不含增值税销售额，下同。

（2）属于从量定额计征消费税的应税消费品，应按货物购进和报关出口的数量计算应

退消费税税款,其公式为:

$$应退消费税税款 = 出口数量 \times 单位税额$$

(3) 属于复合计征消费税的应税消费品,应按货物购进和报关出口的数量以及外贸企业从工厂购进货物时征收消费税的价格计算应退消费税税款,其公式为:

$$应退消费税税款 = 出口货物的工厂销售额 \times 税率 + 出口数量 \times 单位税额$$

【例 4—12】 某外贸企业从国外进口 10 000 套化妆品,关税完税价格为 80 万元,关税为 80 万元,当月售出 3 000 套,每套售价 298 元。又从国内一生产厂家(增值税一般纳税人)购进化妆品 5 000 套全部出口,每套工厂销售价 60 元(含增值税),出口离岸价为 168 元。请计算该外贸企业当月应缴、应退的消费税。

【解析】 进口应税消费品应缴纳消费税:

$$组成计税价格 = \frac{80+80}{1-30\%} = 228.57(万元)$$

$$应纳消费税 = 228.57 \times 30\% = 68.57(万元)$$

出口应税消费品应退消费税:

$$应退消费税税款 = 出口货物的工厂销售额 \times 税率$$
$$= \frac{60}{1+17\%} \times 5\,000 \times 30\%$$
$$= 7.69(万元)$$

模块二 消费税的申报与缴纳

一、消费税的纳税申报

消费税的纳税申报包括销售自产应税消费品的纳税申报、委托加工应税消费品代收代缴申报和出口应税消费品的免税或退税申报。

1. 自产或委托加工应税消费品

(1) 自产应税消费品于销售环节纳税,自产自用的于移送使用时纳税。自产应税消费品纳税申报应首先确定应税消费品适用的税目税率,核实计税依据,在规定的期限内向主管税务机关报送消费税纳税申报表。

(2) 委托加工应税消费品,由受托方办理代收代缴消费税申报。首先应确定双方是否为委托加工业务,核查组成计税价格的计算,如为受托方代理申报,应向主管税务机关报送代收代缴申报表;如为委托方代理申报,应向主管税务机关提供已由受托方代收代缴税款的完税证明。

2. 出口应税消费品

(1) 生产企业。有进出口经营权的生产企业自营或委托出口应税消费品的申报时,应向主管征税机关提供"两单一票"办理免税手续。如发生退关或国外退货,出口时予以免税的,经所在地主管税务机关批准,可暂不办理补税,待其转为国内销售时,再在当期办理补缴消费税的申报手续,于报送消费税纳税申报表的同时,提供出口货物转内销证明,见表 4—2。

表 4—2　　　　　　　　　　　　　出口货物转内销证明

××市国家税务局进出口税收管理分局：

我_____公司下列商品因_____原因，由出口转为内销，请予以证明。

销货发票号	开票日期			商品代码	商品名称	计量单位	数量	原购货情况			
	年	月	日					单价	金额	税率	税额
1	2	3	4	5	6	7	8	9	10＝8×9	11	12＝10×11
合计											

出口企业海关代码： 部门代码： 办税员：　　　　　（公章） 负责人： 年　月　日	税务机关核实情况		
	经办人： 年　月　日	录入人： 年　月　日	负责人： 年　月　日

（2）**外贸企业**。外贸企业出口应税消费品退（免）税实行专用税票管理制度，其代理申报程序如下：

1）生产企业将应税消费品销售给外贸企业出口，应到管理征税机关办理消费税专用税票开具手续，然后办理消费税纳税申报手续。

2）应税消费品出口后，外贸企业凭"两单两票"及消费税专用税票向主管退税机关办理退税手续，报送出口退税货物进货凭证申报明细表和出口货物退税申报明细表。

3）出口的应税消费品办理退税后，发生退关或国外退货，外贸企业应在当期向主管退税机关申报补缴已退的消费税税款，办理出口商品退运已补税证明，见表4—3。

表 4—3　　　　　　　　　　　　　出口商品退运已补税证明

海关名称：

项目	内容
原出口报关单号	
报关日期	
核销单号	
出口发票号	
出口商品代码	

续表

项目	内容			
出口商品名称				
计量单位				
出口数量				
原收购计税金额				
原退税金额	增值税:	消费税:	合计:	
原退税日期	年 月 日	原税收退还书号码		
退运补税情况 退货数量				
退货计税金额				
原退税率				
应补税额	增值税:	消费税:	合计:	
缴款书号码		入库时间		年 月 日
出口经营单位	市（地）以上出口退税机关审查意见			
企业代码： （公章） 办税员： （章） 财务负责人： （章） 企业负责人： （章） 年 月 日	经办人： （章） 年 月 日	会计科（股）长： （章） 年 月 日	(公章) 负责人： （章） 年 月 日	

二、消费税纳税申报表的填制

1. 消费税纳税申报表

该表用于销售自产应税消费品或视同销售应税消费品的纳税申报，各栏计算逻辑关系见表4—4。其中，第2栏"适用税目"按税法列举的税目填写；第3栏"销售数量"要填写计量单位；第4栏"销售额"指不含增值税的销售额；第5栏"视同销售数量"和第6栏"视同销售金额"应填报自产自用、赞助集资、广告、样品等用于非税消费品生产的应税消费品；第7栏"计税金额或计税数量"根据应税消费品的计税方法填写；第9栏"本期准予扣除税额"为当前生产领用、外购或委托加工收回的应税消费品已纳的消费税税款。

表4—4　　　　　　　　　　消费税纳税申报表

填表日期：　　年　月　日

纳税人识别号□□□□□□□□□□□□□□□　　　　　　金额单位：元（列至角分）

纳税人名称								纳税所属时期		年　月	
产品名称	适用税目	销售数量	销售额	视同销售数量	视同销售金额	计税金额或计税数量	税率(%)税额	本期准予扣除税额	本期应缴纳金	本期已缴纳金	本期应补(退)税金
1	2	3	4	5	6	7=4+6 或 3+5	8	9	10=7×8-9	11	12=10-11

续表

产品名称	适用税目	销售数量	销售额	视同销售数量	视同销售金额	计税金额或计税数量	税率(%)税额	本期准予扣除税额	本期应缴纳金	本期已缴纳金	本期应补(退)税金
1	2	3	4	5	6	7=4+6 或 3+5	8	9	10=7×8-9	11	12=10-11
合计											

如纳税人填报，由纳税人填写以下各栏			如委托代理人填报，由代理人填写以下各栏			备注
会计主管（签章）	经办人（签章）	纳税人（签章）	代理人名称			
^	^	^	代理人地址			^
^	^	^	经办人	电话		^
以下由税务机关填写						
收到申报日期			接受人			

2. 代收代缴消费税申报表

该表用于委托加工的应税消费品，在委托方提货时，由受托方代收代缴消费税并在当期办理申报手续，因报表项目内容单一，可用消费税纳税申报表代替，故不作详细解释。

3. 消费税出口货物退、免税申报表

（1）消费税退税申报表的填制。外贸企业自营或委托代理出口，消费税退税申报表的内容和填报方法与增值税基本相同，可参照前章有关内容。

（2）消费税免税申报表的填制。具有进出口经营权的生产企业自营或委托出口的消费税应税货物计算免税的方法与增值税是相同的，纳税申报表可按从价定率或从量定额加以区分填报。

练 习

一、单项选择题

1. 企业生产的下列消费品，无须缴纳消费税的是（   ）。
   A. 地板企业生产用于装修本企业办公室的实木地板
   B. 汽车企业生产用于本企业管理部门的轿车
   C. 化妆品企业生产用于交易会样品的化妆品
   D. 卷烟企业生产用于连续生产卷烟的烟丝

2. 某酒厂为增值税一般纳税人，2010年2月销售粮食白酒3吨，取得不含税收入300 000元，包装物押金23 400元，该企业包装物押金单独记账核算，货物已经发出。该酒厂本月应缴纳消费税（   ）。
   A. 64 000元   B. 64 680元   C. 67 000元   D. 67 680元

3. 应税消费品价格明显偏低又无正当理由的，税务机关有权核定其计税价格。下列应税消费品应由国家税务总局核定计税价格的是（   ）。
   A. 鞭炮   B. 实木地板   C. 高档手表   D. 粮食白酒

4. 某工艺品厂外购已税珠宝玉石用于加工各种饰品，允许从应征消费税中扣除外购已税珠宝玉石已纳消费税的是（   ）。
   A. 外购已税玉石用于镶嵌纯金戒指   B. 外购已税玉石用于镶嵌镀金手链
   C. 外购已税珍珠用于加工珍珠项链   D. 外购已税钻石用于镶嵌白金首饰

5. 关于消费税的税率，下列表述错误的是（   ）。
   A. 消费税税率形式的选择主要是根据课税对象的具体情况来确定的
   B. 消费税对卷烟、白酒实行复合税率，是为了更有效地保全消费税的税基
   C. 消费税对啤酒实行定额税率，是因为啤酒的计量单位不规范
   D. 消费税对汽车轮胎征收消费税但税率较低，是为了限制消费而不限制生产

6. 某金店采取以旧换新方式销售金银饰品，消费税的计税依据是（   ）。
   A. 同类新金银饰品的销售价格   B. 实际收取的含增值税的全部价款
   C. 新金银饰品的组成计税价格   D. 实际收取的不含增值税的全部价款

7. 某化妆品厂受托加工一批化妆品，委托方提供原材料成本30 000元，该厂收取加工费10 000元、代垫辅助材料款5 000元，该厂没有同类化妆品销售价格。该厂应代收代缴消费税（   ）。（以上款项均不含增值税）
   A. 17 142.86元   B. 19 285.71元   C. 20 142.86元   D. 20 250.00元

8. 2008年5月，某酒厂生产粮食白酒100吨全部用于销售，当月取得不含税销售额480万元，同时收取品牌使用费20万元；当期月初库存外购粮食酒精余额90万元，当月购进粮食酒精110万元，月末库存外购粮食酒精20万元。该厂当月应纳消费税（   ）。
   A. 55.42万元   B. 96.00万元   C. 99.42万元   D. 109.42万元

9. 企业发生的下列行为中，不需要缴纳消费税的是（   ）。
   A. 用自产的应税消费品换取生产资料
   B. 用自产的应税消费品支付代扣手续费
   C. 直接销售委托加工收回的已税的应税消费品
   D. 在销售数量之外另付给购货方自产的应税消费品作为奖励

二、多项选择题
1. 根据现行消费税政策，下列业务应缴纳消费税的有（   ）。
   A. 汽车厂赞助比赛用雪地车　　　　　B. 酒厂以福利形式发放给职工白酒
   C. 化妆品厂无偿发放香水试用　　　　D. 金银饰品商店销售白金饰品
   E. 国内代理商销售进口环节已纳消费税的游艇

2. 根据现行税法，下列消费品的生产经营环节，既征收增值税又征收消费税的有（   ）。
   A. 卷烟的批发环节　　　　　　　　　B. 金银饰品的生产环节
   C. 珍珠饰品的零售环节　　　　　　　D. 高档手表的生产环节
   E. 酒类产品的批发环节

3. 根据现行消费税政策，关于消费税征税范围的说法，正确的有（   ）。
   A. 对进口的石脑油征收消费税
   B. 对用作乙烯原料的国产石脑油免征消费税
   C. 对用外购货车改装的卫星通信车征收消费税
   D. 对卡丁车征收消费税
   E. 对手工卷烟征收消费税

4. 下列委托加工行为中，受托方（非个体工商户）应代收代缴消费税的有（   ）。
   A. 汽车制造厂委托加工一批轮胎收回后全部用于大客车生产
   B. 某企业将外购汽车底盘及配件委托加工成小货车自用
   C. 某企业委托加工一批化妆品收回后作为福利发给职工
   D. 某商场委托加工护发品用于直接销售
   E. 某企业将烟叶委托加工成烟丝收回后继续生产卷烟

5. 根据消费税现行规定，下列表述正确的有（   ）。
   A. 消费税税收负担具有转嫁性
   B. 消费税的税率呈现单一税率形式
   C. 对消费品生产企业没有对外销售的应税消费品均不征收消费税
   D. 消费税税目列举的消费品都属消费税的征税范围
   E. 消费税实行多环节课征制度

6. 根据消费税的有关规定，下列行为应征收消费税的有（   ）。
   A. 某企业外购大包装润滑油不经加工只贴商标后销售
   B. 某卷烟厂自产烟丝用于生产卷烟
   C. 某化妆品生产企业将外购化妆品大包装加工成小包装后销售
   D. 某企业收回委托加工的已税轮胎直接销售
   E. 某地板厂自设非独立核算门市部销售自产的实木地板

7. 下列行为中，既缴纳增值税又缴纳消费税的有（   ）。

A. 酒厂将自产的白酒赠送给协作单位
B. 卷烟厂将自产的烟丝移送用于生产卷烟
C. 日化厂将自产的香水精移送用于生产护肤品
D. 汽车厂将自产的应税小汽车赞助给某艺术节组委会
E. 地板厂将生产的新型实木地板奖励给有突出贡献的职工

三、计算题

某卷烟厂为增值税一般纳税人，主要生产 A 牌卷烟（不含税调拨价 100 元/标准条）及雪茄烟，2009 年 8 月发生如下业务：

(1) 从烟农手中购进烟叶，买价 100 万元并按规定支付了 10% 的价外补贴，将其运往甲企业委托加工烟丝，发生运费 8 万元，取得运费发票；向甲企业支付加工费，取得增值税专用发票，注明加工费 12 万元、增值税 2.04 万元，该批烟丝已收回入库，但本月未领用。

(2) 从乙企业购进烟丝，取得增值税专用发票，注明价款 400 万元、增值税 68 万元；从丙供销社（小规模纳税人）购进烟丝，取得税务机关代开的增值税专用发票，注明价款 300 万元；进口一批烟丝，支付货价 300 万元、卖方佣金 12 万元，该批烟丝运抵我国输入地点起卸之前发生运费及保险费共计 38 万元。

(3) 以成本为 350 万元的特制自产烟丝生产雪茄烟，领用外购烟丝生产 A 牌卷烟。

(4) 本月销售雪茄烟取得不含税收入 600 万元，并收取品牌专卖费 9.36 万元；销售 A 牌卷烟 400 标准箱。

(5) 本月外购烟丝发生霉烂，成本 20 万元。

(6) 月初库存外购烟丝买价 30 万元，月末库存外购烟丝买价 50 万元。

本月取得的相关凭证符合规定，并在本月认证抵扣，烟丝关税税率为 10%。根据上述资料，回答下列问题：

(1) 当月甲企业应代收代缴消费税（　　）。
A. 45.61 万元　　B. 51.42 万元　　C. 56.57 万元　　D. 57.55 万元

(2) 当月该卷烟厂进口烟丝应缴纳进口环节税金合计（　　）。
A. 199.50 万元　　B. 200.00 万元　　C. 283.00 万元　　D. 293.50 万元

(3) 当月该卷烟厂国内销售环节应缴纳增值税（　　）。
A. 86.50 万元　　B. 173.02 万元　　C. 176.42 万元　　D. 262.36 万元

(4) 当月该卷烟厂国内销售环节应缴纳消费税（　　）。（不含代收代缴的消费税）
A. 354.85 万元　　B. 372.85 万元　　C. 375.84 万元　　D. 421.88 万元

第五单元　营业税的纳税申报

学习目标

1. 了解营业税纳税人、征税范围、税目和税率及营业税的减免；
2. 掌握营业税的计算、申报与缴纳。

模块一　认识营业税

一、营业税的含义

营业税是指对在中华人民共和国境内提供应税劳务、转让无形资产和销售不动产的单位和个人，就其取得的营业额征收的一种税。

营业税征税范围广泛，与流转税中的增值税、消费税相比，营业税的税率较低，税负较轻，征管简便易行。

二、营业税的纳税人

凡在中华人民共和国境内提供应税劳务、转让无形资产或者销售不动产的单位和个人，为营业税的纳税义务人（以下简称纳税人）。

其中对一些特殊单位还有特殊规定：

(1) 企业租赁或承包给他人经营的，以承租人或承包人为纳税人。

(2) 中央铁路运营业务的纳税人为铁道部，合资铁路运营业务的纳税人为合资铁路公司，地方铁路运营业务的纳税人为地方铁路管理机构，铁路专用线运营业务的纳税人为基建临管线管理机构。

(3) 从事水路运输、航空运输、管道运输或其他陆路运输业务并负有营业税纳税义务的单位，为从事运输业务并计算盈亏的单位。

(4) 建筑安装业务实行分包或者转包的，分包或转包者为纳税人。

(5) 从事金融保险业务的银行（包括人民银行、商业银行、政策性银行）、信用合作社、证券公司、金融租赁公司、证券基金管理公司、财务公司、信托投资公司、证券投资基金和保险公司，其他经中国人民银行、中国证监会、中国保监会批准成立且经营金融保险业务的机构为金融保险业的纳税人。

三、营业税的扣缴义务人

为加强对营业税的征收管理，防止税款流失，营业税对某些业务活动规定了扣缴义务人。扣缴义务人也必须按规定的纳税期限和纳税地点申报纳税。

被指定担任扣缴义务人的有：

(1) 委托金融机构发放贷款，以受托发放贷款的金融机构为扣缴义务人。

(2) 建筑安装业务实行分包或者转包的，以总承包人为扣缴义务人。

(3) 境外单位或者个人在境内发生应税行为而在境内未设有经营机构的,其应纳税款以代理者为扣缴义务人;没有代理者的,以受让者或者购买者为扣缴义务人。

(4) 单位或者个人进行演出由他人售票的,其应纳税款以售票者为扣缴义务人。

(5) 演出经纪人为个人的,其办理演出业务的应纳税款以售票者为扣缴义务人。

(6) 分保险业务,以初保人为扣缴义务人。

(7) 个人转让专利权、非专利技术权、商标权和著作权等无形资产的,其应纳税款以受让者为扣缴义务人。

(8) 财政部规定的其他扣缴义务人。

四、营业税的征税范围

营业税的征税范围具体包括以下几方面。

1. 在中华人民共和国境内提供应税劳务、转让无形资产或者销售不动产的单位和个人

应税劳务是指属于交通运输业、建筑业、金融保业、邮电通信业、文化体育业、娱乐业和服务业税目征收范围的劳务;所谓提供应税劳务、转让无形资产或销售不动产,是指有偿提供应税劳务、有偿转让无形资产或者有偿转让不动产所有权的行为(以下简称应税行为),但单位或个体经营者聘用的员工为本单位或雇主提供应税劳务,不包括在内;所谓有偿,包括取得货币、货物或其他经济利益。

加工、修理修配属于增值税的征税范围,是增值税的应税劳务;而不属于营业税的征税范围,是营业税的非应税劳务。

2. 视同提供应税劳务和视同销售不动产的单位和个人

单位或个人自己新建(以下简称自建)建筑物后销售,其自建行为视同提供应税劳务;单位将不动产无偿赠与他人,视同销售不动产。

3. 混合销售行为

一项销售行为如果既涉及应税劳务又涉及货物,为混合销售行为。从事货物的生产、批发或零售的企业、企业性单位及个体经营者,以及以从事货物的生产、批发或零售为主,并兼营应税劳务的企业、企业性单位及个体经营者的混合销售行为,视为销售货物,不征收营业税;其他单位和个人的混合销售行为,视为提供应税劳务,应当征收营业税。这里的"货物"是指有形动产,包括电力、热力和气体在内。

纳税人的销售行为是否属于混合销售行为,由国家税务总局所属征收机关确定。

4. 兼营非应税劳务行为

纳税人兼营应税劳务与货物或非应税劳务的,应分别核算应税劳务的营业额和货物或者非应税劳务的销售额。不分别核算或者不能准确核算的,对其应税劳务与货物或者非应税劳务一并征收增值税,不征收营业税。

对纳税人兼营的应税劳务是否应当一并征收增值税,由国家税务总局所属征收机关确定。

五、营业税的税目

营业税有九个税目,具体内容如下。

1. 交通运输业

交通运输业是指使用运输工具或人力、畜力将货物或旅客送达目的地,使其在空间位置上得到转移的业务活动。

该税目具体征税范围包括陆路运输、水路运输、航空运输、管道运输和装卸运输。此外，凡与运营业务有关的各项劳务活动，均属于该税目的征税范围，包括通用航空业务、航空地面服务、打捞、理货和港务局提供的引航、系解缆、停泊、移泊等劳务及引水员交通费、过闸费、货物港务费等。

2. 建筑业

建筑业是指建筑安装工程作业，其具体征税范围包括建筑、安装、修缮、装饰和其他工程作业的业务。但自建自用以及自建后出租或投资入股的建筑物，其自建行为不是建筑业税目的征税范围。

3. 金融保险业

金融保险业是指经营金融、保险的业务。其中，金融是指经营货币资金融通活动的业务，具体包括贷款业务、融资租赁、金融商品转让、金融经济业务和其他金融业务；保险是指将通过契约形式集中起来的资金，用以补偿被保险人的经济利益的业务。

4. 邮电通信业

邮电通信业是指专门办理信息传递的业务，其征税范围包括邮政和电信两部分。其中，邮政是指传递实物信息的业务，包括传递函件或包件（含快递业务）、邮汇、报刊发行、邮务物品销售、邮政储蓄及其他邮政业务。电信是指通过电传设备传输电信号来传递信息的业务，包括电报、电传、电话、电话机安装、电信物品销售及其他电信业务。

5. 文化体育业

文化体育业是指经营文化、体育活动的业务，其征税范围包括文化业和体育业两部分。文化业是指经营文化活动的业务，包括表演、播映、经营游览场所和各种展览、培训活动，举办文学、艺术、科技讲座，讲演，报告会，图书馆的图书和资料的借阅业务等。体育业是指举办各种体育比赛和为体育比赛或体育活动提供场所的业务。但以租赁方式为文化活动和体育比赛提供场所的业务活动，不属于该税目的征税范围。

6. 娱乐业

娱乐业是指为娱乐活动提供场所和服务的业务，其具体征税范围包括经营舞厅、歌厅、卡拉OK歌舞厅、音乐茶座、台球、高尔夫球、保龄球场、游艺场和网吧等娱乐场所，娱乐场所为顾客进行娱乐活动提供服务的业务，以及娱乐场所为顾客进行娱乐活动所提供的饮食服务和其他各种服务。

7. 服务业

服务业是指利用设备、工具、场所、信息或技能为社会提供服务的业务，其具体征税范围包括代理业、旅店业、饮食业、旅游业、仓储业、租赁业、广告业以及其他服务业。

8. 转让无形资产

转让无形资产是指转让无形资产的所有权或使用权的行为，其具体征税范围包括转让土地使用权、转让商标权、转让专利权、转让非专利技术、转让著作权和商誉、出租电影拷贝。

以无形资产投资入股，参与接受投资方的利润分配并共同承担投资风险的行为，不征收营业税。在投资后转让其股权的，也不征收营业税。

9. 销售不动产

销售不动产是指有偿转让不动产所有权的行为，其具体征税范围包括销售建筑物或构筑物、销售其他土地附着物。其他土地附着物是指建筑物或建筑物以外的其他附着于土地的不动产。例如，附着于土地上的不能移动，一经移动即遭损坏的种植物、养殖物或其他物品。

需要说明的是，以不动产投资入股，参与接受投资方的利润分配、共同承担投资风险的行为，不征收营业税。在投资后转让其股权的，也不征收营业税。

六、营业税的税率

纳税人兼有不同税目应税行为的，应当分别核算不同税目的营业额、转让额和销售额（以下简称营业额）；未分别核算营业额的，从高适用税率。

营业税适用比例税率，具体见表5—1。

表5—1　　　　　　　　　　营业税税目、税率表

税目	征收范围	税率
一、交通运输业	陆路运输、水路运输、航空运输、管道运输、装卸运输	3%
二、建筑业	建筑、安装、修缮、装饰及其他工程作业	3%
三、金融保险业	金融、保险	5%
四、邮电通信业	邮政、电信	3%
五、文化体育业	文化业：表演、播映、其他文化业、经营游览场所 体育业：举办各种比赛和为体育比赛或休育活动提供场所的业务	3%
六、娱乐业	歌厅、舞厅、卡拉OK歌舞厅、音乐茶座、台球、高尔夫球、保龄球、游艺	5%~20%
七、服务业	代理业、旅店业、饮食业、旅游业、仓储业、租赁业、广告业及其他服务业	5%
八、转让无形资产	转让土地使用权、专利权、非专利技术、商标权、著作权、商誉	5%
九、销售不动产	销售建筑物及其他附着物	5%

注：①纳税人经营娱乐业具体适用的税率，由省、自治区、直辖市人民政府在规定的幅度内决定。②歌厅、舞厅、夜总会、射击、跑马、狩猎、游戏、台球、高尔夫球、保龄球、游艺和电子游戏厅等娱乐行为一律按20%的税率征收营业税。③从2006年6月1日起，个人将购买不足5年的住房对外销售全额征收营业税；个人将购买超过5年（含5年）的普通住房对外销售，应持有关材料向地方税务部门申请办理免征营业税手续。

七、营业税的减免

1. 起征点

我国《营业税暂行条例》及《营业税暂行条例实施细则》确定了一个起征点幅度，具体由省、自治区、直辖市人民政府所属地方税务机关根据本地实际情况，在规定的幅度内确定本地的适用起征点，并报国家税务总局备案。营业税的起征点为：

（1）按期纳税的起征点为月营业额1 000~5 000元。

（2）按次纳税的起征点为每次（日）营业额100元。

2. 免税项目

我国《营业税暂行条例》及有关国家政策性文件规定以下项目免征营业税：

（1）托儿所、幼儿园、养老院、残疾人福利机构提供的育养服务、婚姻介绍和殡葬服务。

（2）残疾人员个人提供的劳务。

（3）医院、诊所和其他医疗机构提供的医疗服务。

（4）学校和其他教育机构提供的教育劳务、学生勤工俭学提供的劳务。

（5）农业机耕、排灌、病虫害防治、植物保护、农牧保险以及相关技术培训业务，家禽、牲畜、水生动物的配种和疾病防治。

（6）纪念馆、博物馆、文化馆、文物保护单位管理机构、美术馆、展览馆、书画院和图书馆举办文化活动的门票收入，宗教场所举办文化、宗教活动的门票收入。

（7）境内保险机构为出口货物提供的保险产品。

营业税的免税、减税项目由国务院规定，任何地区、部门不得规定免税、减税的项目。

八、营业税的计算

1. 营业税的计算公式

纳税人提供应税劳务、转让无形资产或者销售不动产，按照营业额和规定的税率计算营业税。其计算公式为：

$$营业税 = 营业额 \times 税率$$

营业税应以人民币计算，纳税人以外汇结算营业额的，应当按外汇市场价格折合成人民币计算。其折合率可以选择营业额发生的当天或当月1日的国家外汇牌价（原则上为中间价）。

金融保险业以外汇结算营业额的，金融业按其收到外汇的当天或当季季末中国人民银行公布的基准汇价折合营业额，并计算营业税。纳税人应事先确定选择采用何种折合率，确定后1年内不得变更。

2. 营业额的确定

（1）营业额的内涵。作为计税依据的营业额，是指纳税人提供应税劳务、转让无形资产或者销售不动产向对方收取的全部价款和价外费用。价外费用，是指在价格之外向对方收取的手续费、基金、集资费和代收款项，代垫款项及其他各种性质的价外收费。凡价外费用，无论会计制度规定如何核算，均应并入营业额计算应纳税额。

（2）营业额的确定。特殊情况下营业额的确定方法如下：

1）运输企业自中华人民共和国境内运输旅客或者货物出境，在境外改由其他运输企业承运乘客或者货物的，以全程运费减去付给该承运企业的运费后的余额为营业额。

【例5—1】 我国某汽车货运公司，载运货物自我国境内运往A国，全程运费为50万元，在境内改由该国的运输公司运到目的地，付其运费18万元。请计算货运公司应缴纳的营业税。

【解析】 此时应以全程运费减去付给承运企业的运费后的余额为营业额。交通运输业的税率为3%，故：

$$应纳营业税 = (50 - 18) \times 3\% = 0.96（万元）$$

2）运输企业从事联运业务的，其营业额为实际取得的营业额。联运业务是指两个以上的运输企业完成旅客或货物从发送地点至到达地点所进行的运输业务，其特点是一次购买、一次收费和一票到底。

3）建筑业的总承包人将工程分包或者转包给他人的，以工程的全部承包额减去付给分包人或者转包人的价款后的余额为营业额。

【例5—2】 A施工企业承建一栋厂房，总价款为200万元，该企业又将部分工程分包给B施工企业，支付分包费50万元。请计算此项业务施工企业应缴纳的营业税。

【解析】 因 A 施工企业已实行分包，其计税营业额应为全部承包额减去分包费后的余额，同时，作为总承包人负有代扣代缴的义务。建筑业的税率为 3%，故：

A 企业应缴纳的营业税 = (200 - 50) × 3% = 4.5（万元）

A 企业代扣代缴 B 企业的营业税 = 50 × 3% = 1.5（万元）

4）纳税人从事建筑、修缮、装饰工程作业，无论与对方如何结算，其营业额均应包括工程所用原材料及其他物资和动力的价款在内。纳税人从事安装工程作业，凡所安装设备的价值作为安装工程产值的，其营业额包括设备的价款在内。

【例5—3】 某施工企业为某企业建造厂房，总承包价款为 500 万元，工程所需材料由建设单位购买，价款为 300 万元。请计算该施工企业应缴纳的营业税。

【解析】 纳税人从事建筑、修缮、装饰工程作业，无论与对方如何结算，即材料即使由建设单位购买，其营业额均应包括工程所用原材料及其他物资和动力的价款在内。建筑业的税率为 3%，故：

应纳营业税 = (500 + 300) × 3% = 24（万元）

5）一般贷款业务以贷款利息收入（包括各种加息和罚息等）为营业额。

6）中国银行系统从事的外汇转贷业务，如上级行借入外汇资金后转给下级行贷给国内用户的，在下级行以其向借款方收取的全部利息收入（包括加息和罚息）为营业额。上级行以贷款利息收入减去支付给境外的借款利息支出后的余额为营业额。

7）其他银行从事的外汇转贷业务，如上级行借入外汇资金后转给下级行贷给国内用户的，在下级行以其向借款方收取的全部利息收入减去上级行核定的借款利息支出额后的余额为营业额。上级行核定的借款利息支出额与实际支出额不符的，由上级行从其应纳的营业税中抵补。

8）外汇、有价证券、期货买卖业务，以卖出价（指卖出原价，不允许扣除卖出过程中支付的各种费用和税金）减去买入价（指买入原价，不包括买入过程中支付的各种费用和税金）后的余额为营业额。

9）保险业实行分保险的，初保业务以全部保费收入减去付给分保人的保费后的余额为营业额。

10）保险公司办理储金业务的，以纳税人在纳税期内的储金平均余额乘以人民银行公布的一年期存款的月利率为营业额。储金平均余额为纳税期期初储金余额与期末余额之和乘以 50%。所谓储金业务，是指保险公司采用收取储金方式取得经济利益，即以被保险人所交保险资金的利息收入作为保费收入，保险期满后将保险资金本金返还保险人的业务。

11）单位或个人进行演出，以全部票价收入或者包场收入减去付给提供演出场所的单位、演出公司或者经纪人的费用后的余额为营业额。

【例5—4】 某歌星举行个人演唱会，取得全部票价收入 20 万元，付给演出公司 12 万元。请计算该歌星应缴纳的营业税。

【解析】 应以其实际收入为计税营业额。文化业的税率为 3%，故：

应纳营业税 = (20 - 12) × 3% = 0.24（万元）

12）娱乐业的营业额为经营娱乐业向顾客收取的各项费用，包括门票收费、台位费、点歌费、烟酒和饮料收费及其他收费。

【例5—5】 某歌舞厅2月份的门票收入为100 000元,出售饮料、烟酒收入为150 000元,收取卡拉OK点歌费50 000元。请计算2月份该歌舞厅应缴纳的营业税。

【解析】 歌舞厅是属于娱乐业的,因此,其计税营业额为向顾客收取的各项费用之和。歌舞厅的税率一律为20%,故:

$$应纳营业税 = (100\,000 + 150\,000 + 50\,000) \times 20\% = 60\,000（元）$$

13）旅游企业组织旅游团到中华人民共和国境外旅游,在境外改由其他旅游企业接团的,以全程旅游费减去支付给该接团企业的旅游费后的余额为营业额。

【例5—6】 某旅行社组织旅客到泰国旅游,全程旅游费70万元,在境外改由泰国的一家旅游公司承接,付其费用20万元。请计算该旅行社应缴纳的营业税。

【解析】 该旅行社应以全程旅游消费减去付给境外旅游公司旅游费后的余额,即实际收入为计税营业额。服务业的税率为5%,故:

$$应纳营业税 = (70 - 20) \times 5\% = 2.5（万元）$$

14）广告代理业以代理者向委托方收取的全部价款和价外费用减去付给广告发布者的广告发布费后的余额为营业额。

【例5—7】 某广告代理公司向委托方收取服务费200万元,之后付给媒体广告发布费30万元,广告制作支出80万元。请计算该广告代理公司应缴纳的营业税。

【解析】 广告代理业按上述规定确定营业额,不得扣减广告制作支出。服务业的税率为5%,故:

$$应纳营业税 = (200 - 30) \times 5\% = 8.5（万元）$$

15）代购代销业务,以纳税人收取的手续费作为营业额。所谓代购,是指受托方按照协议或委托方的要求,从事商品的购买,并按发票购进价格与委托方结算（原票转交）,并收取一定的手续费的经营活动。所谓代销,是指受托方按委托方的要求销售委托方的货物,并收取手续费的经营活动。

16）纳税人提供应税劳务、转让无形资产或销售不动产价格明显偏低而无正当理由的,单位或个人的自建行为视同提供应税劳务又没有销售价格的,单位将不动产无偿赠与他人又没有销售价格的,主管税务机关有权按下列顺序核定其营业额：①按纳税人当月提供的同类应税劳务或者销售的同类不动产的平均价格核定。②按纳税人最近时期提供的同类应税劳务或者销售的同类不动产的平均价格核定。③按下列公式核定计税价格：

$$计税价格 = 营业成本或工程成本 \times \frac{1 + 成本利润率}{1 - 营业税税率}$$

公式中的成本利润率,由省、自治区、直辖市人民政府所属税务机关确定。

需要注意的是,单位或个人自己新建建筑物再销售,为平衡税负,其自建行为视同提供应税劳务,征收营业税。

【例5—8】 某房产开发企业自建10栋住宅楼后销售,每栋楼造价为300万元,税务机关核定成本利润率为10%,出售时共取得价款5 000万元,请计算该企业应缴纳的营业税。

【解析】 该房产开发企业自己新建住宅楼后销售,其自建行为视同提供应税劳务,需缴纳营业税,但当月或最近时期没有同类应税劳务的参比价格,所以用公式核定计税价格。另外,该企业将10栋住宅楼全部售出,发生了销售不动产这一应税行为,应该针对这一应税行为缴纳营业税。

$$自建行为的计税价格 = 300 \times \frac{1+10\%}{1-3\%} \times 10 = 3\,402.06\,(万元)$$

$$自建行为缴纳的营业税 = 3\,402.06 \times 3\% = 102.06\,(万元)$$

$$出售住宅楼缴纳的营业税 = 5\,000 \times 5\% = 250\,(万元)$$

$$该企业共缴纳的营业税 = 102.06 + 250 = 352.06\,(万元)$$

模块二　营业税的申报与缴纳

一、营业税的纳税申报

营业税纳税申报按其计税方法，可分为营业税纳税企业和外企商社。

1. 营业税纳税企业

服务业、交通运输业、建筑安装业、金融保险业等营业税纳税申报操作要点如下：

（1）核查营业收入相关账户及主要的原始凭证，计算应税营业收入。

（2）根据企业应税项目的具体情况，确认税前应扣除的营业额。

（3）核查兼营非应税劳务、混合销售以及减免项目的营业额，确认应税营业额和适用的税目税率。

（4）核查已发生的代扣代缴营业税义务的情况，确认应扣缴税额。

（5）计算填表后按规定期限向主管税务机关报送营业税纳税申报表及其他计税资料。代扣代缴的营业税要履行报缴税款手续。

2. 外企商社

外企商社即外国企业常驻代表机构，根据税法及现行政策规定，外企商社核定为纳税和暂不纳税两种。属于核定纳税的外企商社又根据其业务性质和计税原始资料等情况采取三种计税方法，即按收入纳税、按核定收入纳税和按经费支出核算纳税。最普遍的是后一种方法，申报营业税与外商投资企业和外国企业所得税的计税依据相同，都是按季度核算的经费支出额。外企商社营业税应在每季度终了后15日内办理纳税申报手续。

对于按收入计算纳税的外企商社，注册税务师要核查计税合同的数量，合同中载明的应税佣金、回扣和手续费收入；对于按经费支出计算纳税的要核查计税经费支出，查实主要的原始凭证，按计税公式计算出应税收入，其计算公式如下：

$$应纳收入额 = 本期经费支出额 / (1 - 核定利润率 - 营业税税率)$$

外企商社应按季向主管税务机关报送营业税纳税申报表，属于按经费支出征税的外企商社，还要附送全部经费支出明细。对属于在中国境外的经费支出部分，要提供其总机构和境外注册会计师签字的证明文件，一并报送税务机关审核。

二、营业税纳税申报表的填制

表5—2适用于营业税纳税企业和外企商社，各栏计算逻辑关系见表5—2。其中：①第1栏"税目"按营业税税目税率表中设置的税目填报，不同税目的收入要分项填报。②第2栏"经营项目"按各税目征收范围中列举的项目填写。③第3栏"全部收入"指应税劳务、转让无形资产的营业额和销售不动产的销售额。④第4栏"减除项目"指税法规定允许从营业收入中扣除的营业额。⑤第5栏"减免税项目"指税法规定的减免税项目的营业额。

表 5—2　　　　　　　　　　　营业税纳税申报表

填表日期：　　年　　月　　日

纳税人识别号：□□□□□□□□□□□□□□□　　　　　金额单位：元（列至角分）

纳税人名称							税款所属时期			年　月	
税目	经营项目	营业额				税率	本期			
		全部收入	减除项目	减免税项目	应税营业额		应纳税额	减免税额	已纳税额	应补退税额
1	2	3	4	5	6=3-4-5	7	8=6×7	9=5×7	10	11
合计										

如纳税人填报，由纳税人填写以下各栏			如委托代理人填报，由代理人填写以下各栏			备注	
会计主管（签章）	经办人（签章）	纳税人（签章）	代理人名称			代理人（签章）	
			代理人地址				
			经办人		电话		
以下由税务机关填写							
收到申报表日期			接收人				

练　　习

一、单项选择题

1. 下列经营行为中，属于营业税征收范围的是（　　）。
   A. 纪念品商店销售集邮商品　　　　B. 企业转让境内土地使用权
   C. 酒店独立核算的商品部销售商品　　D. 汽车修配厂提供修理修配劳务

2. 关于营业税纳税地点的说法，正确的是（　　）。
   A. 建筑劳务纳税地点为机构所在地
   B. 运输劳务纳税地点为劳务发生地
   C. 邮电通信业纳税地点为机构所在地
   D. 出租动产纳税地点为动产使用地

3. 关于营业税计税依据的说法，正确的是（　　）。
   A. 单位销售自建建筑物，以取得的销售收入减去建筑成本为计税营业额
   B. 试点物流企业将承揽的仓储业务分给其他单位并实行统一收取价款的，以取得的全部收入为计税营业额
   C. 勘察设计单位将承担的勘察设计劳务分包给其他单位并实行统一收取价款的，以取得总包收入为计税营业额

D. 纳税人从事装饰劳务的，以取得的全部装饰劳务价款和价外费用为计税营业额

4. 2009年某企业销售已使用过的厂房，取得收入1 400万元，该厂房建造后最初入账原值800万元，已提折旧400万元。该企业上述业务应纳营业税（　　）。

　　A. 20万元　　　　B. 30万元　　　　C. 32.50万元　　　D. 70万元

5. 2008年第三季度某商业银行向企业发放贷款取得利息收入400万元，逾期贷款罚息收入5万元；将第一季度购进的有价证券转让，卖出价860万元，该证券买入价780万元；代收电话费取得手续费等收入14万元（其中包括工本费2万元）。2008年第三季度该商业银行应纳营业税（　　）。

　　A. 24.85万元　　B. 24.95万元　　C. 63.7万元　　　D. 63.95万元

6. 2009年3月，某运输企业取得客运收入84万元、补票收入6万元、补收旅客携带品超重运费收入5万元；取得货运收入82万元、装卸费6万元、建设基金12万元；本月发生营运费用56万元。2009年3月该企业应纳营业税（　　）。

　　A. 4.17万元　　　B. 5.52万元　　　C. 5.70万元　　　D. 5.85万元

7. 关于营业税的计税依据，下列表述正确的是（　　）。

　　A. 单位转让抵债所得的土地使用权，以全部收入为计税营业额

　　B. 非融资租赁业务以租金收入总额减去发生的支出后的余额为计税营业额

　　C. 试点物流企业将承揽的仓储业务分给其他单位并由其统一收取价款的，应以该企业取得的全部收入为计税营业额

　　D. 纳税人从事无船承运业务，按"服务业"计算纳税，以向委托人收取的全部价款和价外费用扣除其支付的海运费、报关费、港杂费和装卸费后的余额为计税营业额

8. 某典当行2007年6月销售死当物品取得销售收入42万元，取得咨询收入15万元，手续费收入11万元。该拍卖行应纳营业税（　　）。

　　A. 1.30万元　　　B. 2.10万元　　　C. 2.90万元　　　D. 3.68万元

9. 根据营业税有关规定，下列说法正确的是（　　）。

　　A. 土地租赁按"服务业—租赁业"税目计税

　　B. 出租房屋按"服务业"税目征税，营业税税率统一为5%

　　C. 远洋运输企业的"期租"业务按"服务业—租赁业"税目计税

　　D. 经批准从事融资租赁业务单位的融资租赁业务按"服务业—租赁业"税目计税

10. 某远洋运输企业2007年9月取得营运收入380万元，其中承接一项联运业务，全程运费收入80万元，支付给其他联运合作方运费30万元；另将配备操作人员的一艘轮船出租，租期为半年，租金按月支付，本月租金20万元。该企业2007年9月应纳营业税（　　）。

　　A. 11.10万元　　B. 11.50万元　　C. 12万元　　　　D. 12.40万元

二、多项选择题

1. 下列业务中，属于营业税征收范围的有（　　）。

　　A. 基金公司在境内以发行基金方式募集资金

　　B. 我国企业转让其境外所拥有的房产

　　C. 单位将境内承租的场地转租给他人收取现金

D. 境外某外国企业将一台设备出租给我国境内企业使用
E. 纳税人受托开发软件产品，著作权属于受托方的

2. 下列业务中，应当缴纳营业税的有（　　）。
   A. 个人转让著作权
   B. 人民银行对金融机构贷款业务
   C. 单位向社会公益事业无偿捐赠不动产
   D. 台湾航运公司从事海峡两岸海上直航业务从台湾取得运输收入
   E. 个人将土地使用权转让给农业生产者用于农产品加工

3. 关于营业税税目确定的说法，正确的有（　　）。
   A. 经营游览场所按照"娱乐业"税目缴纳营业税
   B. 有线电视台广告播映按照"文化体育业"税目缴纳营业税
   C. 在旅游景点经营旅游游船业务按照"服务业"税目缴纳营业税
   D. 远洋运输企业从事的"程租"业务按照"交通运输业"税目缴纳营业税
   E. 报社根据文章篇幅向作者收取的"版面费"按照"文化体育业"税目缴纳营业税

4. 根据现行营业税政策，应计入建筑业计税营业额的有（　　）。
   A. 建设单位提供的设备价款
   B. 向建设单位取得的材料差价款
   C. 从建设单位收取的施工机构迁移费
   D. 从建设单位取得的提前竣工奖
   E. 安装工程所耗用的由建设单位提供的原材料及其他物资价款

5. 下列业务属于营业税征收范围的有（　　）。
   A. 银行销售金银业务
   B. 邮政部门销售集邮商品业务
   C. 典当业销售死当物品
   D. 计算机公司随同销售软件一并提供的软件培训业务
   E. 计算机公司销售软件交付使用后按期提供有偿软件培训业务

三、实务题

某运输公司是一家以运输劳务为主并兼营洗车服务的公司，2009年2月该公司运费总收入为30万元，其中付给其他联运企业5万元，本企业下设的洗车服务部门洗车收入为4万元，请根据以上资料计算该公司应纳的营业税并填写营业税纳税申报表。

第六单元　关税的纳税申报

学习目标
1. 了解关税的种类及减免规定；
2. 掌握关税的计算、申报与缴纳。

模块一　认识关税

一、关税的含义
关税是指海关依法对进出国境或关境的货物、物品征收的一种税。关境是指海关征收关税的领域；国境是一个国家以边界为界线，全面行使主权的境域，包括领土、领海和领空。

关境和国境的含义一般而言是一致的，但有时关境小于国境，如当某一国在国境内设立了自由港、自由贸易区等，如中国香港和澳门；还有一些国家只对来自或运往其他国家的货物进出共同关境征收关税，这些国家的关境大于国境，如欧盟。

二、关税的特点
1. 纳税上的统一性和一次性
按照全国统一的税则征收关税后，货物就可以在整个关境范围内流通，不再另行征收关税。

2. 征收上的过"关"性
凡进出关境的货物才征收关税，以是否通关为标准。

3. 税率上的复式性
我国关税最新税则采用最惠国税率、协定税率、特惠税率和普通税率。复式税则充分反映了我国关税维护国家主权、平等互利和发展国际贸易往来等特点。

4. 征管上的权威性
海关代表国家向纳税人征收关税。

三、关税的分类
依据不同的标准，关税可以划分为不同的种类。

1. 以应税货物的流向为标准
以应税货物的流向为标准，关税可以分为进口关税、出口关税和国境关税。
（1）进口关税是指海关对进口货物和物品征收的关税。
（2）出口关税是指海关对出口货物和物品征收的关税。
（3）过境关税是指海关对一国运往第三国的货物在通过本国关境时征收的关税。
我国的关税分为进口关税和出口关税两类。

2. 以征税目的为标准

以征税目的为标准，关税可以分为财政关税、特别关税和混合关税。

（1）财政关税是指以增加财政收入为主要目的的关税。

（2）特别关税是指以保护本国工农业生产为主要目的而征收的关税。常见的特别关税有：①反倾销税，是指针对实行商品倾销的进口商品而征收的一种进口附加税。②反补贴税，是指对于直接或间接接受奖金或补贴的进口货物和物品所征收的一种进口附加税。③混合关税是指一国政府对进口货物征收的关税，既有财政关税的性质，又有保护关税的性质。

3. 以计税依据为标准

以计税依据为标准，关税可以分为从价关税、从量关税、复合关税和滑准关税：

（1）从价关税是指以进出口货物的价值为计税依据征收的关税。

（2）从量关税是指以进出口货物的实物计量单位（重量、数量、面积、容积和长度等）为计税依据征收的关税。目前我国对原油、部分鸡产品、啤酒和进口胶卷课征从量关税。

（3）复合关税是指对某种进口商品同时使用从价和从量计征的一种关税。目前我国对录（放、摄）像机、数字照相机和摄录一体机实行复合关税。

（4）滑准关税，即进口货物的适用关税税率与货物的完税价格成反比。目前我国对新闻纸实行滑准关税。

此外，关税还可以根据管理的需要，从不同的角度形成其他多种分类方法。

四、关税的征收对象

关税的征税对象是进出国境或关境的货物和物品。

货物是指贸易性商品；物品是指非贸易性商品，包括入境旅客随身携带的行李和物品、个人邮递物品、各种运输工具上的服务人员携带进口的自用物品和馈赠物品以及以其他方式进入国境或关境的个人物品。

五、关税的纳税人

进口货物的收货人、出口货物的收货人和进境物品的所有人（包括推定为所有人的人）为关税的纳税义务人。

六、关税的税率

关税的进出口税则，即一国政府制定并公布实施的进出口货物和物品应税的关税税率表。税率表作为税则主体，包括税则商品分类目录和税率栏两大部分。商品分类的原则即归类规则，包括归类总规则和各类、章、目的具体解释。税率栏是按商品分类目录逐项订出的税率栏目。

我国现行关税税率分为进口税率和出口税率两类。国务院关税税则委员会不定期向社会公布具体的关税实施方案，各单位可以根据需要上中华人民共和国海关总署网站上查询相应的关税税率。

七、关税税率的运用

我国进出口关税条例规定，进出口货物应当依照税则规定的归类原则归入合适的税号，并按照适用的税率征税。其中：

（1）进出口货物，应当适用海关接受该货物申报进口或者出口之日实施的税率。

（2）进口货物到达前，经海关核准先行申报的，应当按照装载此货物的运输工具申报进境之日实施的税率征税。

（3）有下列情形之一，需缴纳税款的，应当适用海关接受申报办理纳税手续之日实施的税率：①保税货物经批准不复运出境的；②减免税货物经批准转让或者移作他用的；③暂准进境货物经批准不复运出境，以及暂准出境货物经批准不复运进境的；④租赁进口货物，分期缴纳税款的。

（4）补征和退还进出口货物关税，应当按照上述第一项至第三项的规定确定适用的税率。

（5）因纳税义务人违反规定需要追征税款的，应当适用该行为发生之日实施的税率；行为发生之日不能确定的，适用海关发现该行为之日实施的税率。

据进口货物的原产地及各种税率形式的适用范围，当某种进口货物同时适用特惠税率、协定税率和最惠国税率中一种以上的税率形式时，税率从低执行；当某种进口货物同时适用特惠税率、协定税率和进口暂定最惠国税率中一种以上税率形式时，税率从低执行；当某种进口货物同时适用进口暂定最惠国税率和最惠国税率时，优先执行进口暂定最惠国税率。

执行国家有关进出口关税减征政策时，首先应当在最惠国税率基础上计算有关税目的减征税率，然后根据进口货物的原产地及各种税率形式的适用范围，将这一税率与同一税目的特惠税率、协定税率和进口暂定最惠国税率进行比较，税率从低执行。

八、关税的减免

关税减免分为法定减免税、特定减免税和临时减免税三种。除法定减免税外的其他减免税均由国务院决定。

1. 法定减免

法定减免是指根据海关法、进出口关税条例和进出口税则规定的减免，包括：

（1）关税税额在人民币50元以下的可以免税。

（2）无商业价值的广告品和货样可以免税。

（3）外国政府、国际组织无偿赠送的物资可以免税。

（4）进出境运输工具装载的途中必需的燃料、物料和饮食用品可以免税。

（5）经海关核准暂时进境或者暂时出境并在6个月内复运出境或者复运进境的货样、展览品、施工机械、工程车辆、工程船舶、供安装设备时使用的仪器和工具、电视或者电影摄制器械、盛装货物的容器以及剧团服装道具，在货物收发人向海关缴纳相当于税款的保证金或者提供担保后，准予暂时免税。

（6）为境外厂商加工、装配成品和为制造外销产品而进口的原材料、辅料、零件、部件、配套件和包装物料，海关按照实际加工出口的成品数量免征进口关税；或者对进口料、件先征进口关税，再按照实际加工出口的成品数量予以退税。

（7）因故退还的中国出口货物，经海关审查属实，可免予征收进口关税，但已征的出口关税不予退还。

（8）因故退还的境外进口货物，经海关审查属实，可免予征收出口关税，但已征的进口关税不予退还。

（9）有下列情形之一的进口货物，海关可以酌情减免关税：①在境外运输途中或者起卸时，遭受损坏或者损失的。②起卸后海关放行前，因不可抗力遭受损坏或损失的。③海关查验时已经破漏、损坏或者腐烂，经证明不是由保管不慎造成的。

（10）补偿、更换的无代价抵偿货物进口可以免税，但有残损或质量问题的原进口货物如未退运国外，其进口的无代价抵偿货物应该征税。

（11）中华人民共和国缔结或者参加的国际条约规定减征、免征关税的货物、物品。

（12）法律规定减免征税的其他货物。

2. 特定减免

特定减免是指在法定减免之外，为了适应经济发展的需要，由海关总署、财政部根据国务院的政策所规定的减免税，以及对某些情况经过特别批准实施的减免税，包括科教用品、残疾人专用品、扶贫慈善性捐赠物资、加工贸易产品、边境贸易进口物资、保税区进出口货物、出口加工区进出口货物、进口设备、特定行业或用途的减免税政策。

3. 临时减免

临时减免是指由国务院运用一案一批原则，针对某个纳税人、某类商品、某个项目或某批货物的特殊情况，临时给予的减免。

模块二　关税的计算

一、关税的计税依据

关税以进出口货物的完税价格为计税依据。关税的完税价格是指海关计征关税的价格，由海关以该货物的成交价格为基础审查确定。成交价格不能确定时，完税价格由海关依法估定。

二、一般进口货物完税价格

进口货物以海关审定的以成交价格为基础的到岸价格为完税价格。实际成交价格是一般贸易项目下进口货物的买方为购买该货物向卖方实际支付或应付的价格。到岸价格是指货物在采购地的正常批发价格，加上国外已征的出口税和运抵我国输入地点起卸前的包装费、运费、保险费和手续费等一切费用。用公式表示为：

进口货物关税完税价格 = 货价 + 采购费用（包括货物运抵中国关境内输入地起卸前的运输、保险和其他劳务等费用）

实付或应付价格调整规定如下：

（1）下列费用或者价格未包括在进口货物的实付或者应付价格中，应当计入完税价格：①由买方负担的除购货佣金以外的佣金和经纪费；②由买方负担的与该货物视为一体的容器费用；③由买方负担的包装材料和包装劳务费用；④可以按照适当比例分摊的，由买方直接或间接免费提供或以低于成本价方式销售给卖方或有关方的货物或服务的价值；⑤与该货物有关并作为卖方向我国销售该货物的一项条件，应当由买方直接或间接支付的特许权使用费；⑥卖方直接或间接从买方对该货物进口后转售、处置或使用所得中获得的收益。

（2）下列费用，如果能与该货物实付或者应付价格区分，不得计入完税价格：①厂房、机械、设备等货物进口后的基建、安装、装配、维修和技术服务的费用；②类似货物成交价格方法；③倒扣价格方法；④计算价格方法；⑤以其他合理方法确定的价格为基础估定完税价格。

三、特殊进口货物完税价格

对于特殊进口货物，其完税价格按以下方式确定：

（1）加工贸易进口料件及其制成品的价格：①进口时需征税的进料加工进口料件，以料件申报进口时的价格估定;②内销进料加工进口料件或其制成品,以料件原进口时的价格估定;③内销来料加工进口料件或其制成品,以料件申报内销时的价格估定;④出口加工区内企业内销的制成品,以制成品申报内销时的价格估定;⑤保税区内加工企业内销进口料件或其制成品,分别以料件或制成品申报内销时的价格估定(制成品中扣除境内采购料件价格);⑥加工贸易过程中产生的边角料,以申报内销时的价格估定。

(2)保税区或出口加工区销往区外、保税仓库出库内销的进口货物(不含加工贸易进口料件及其制成品),以海关审定的价格估定(含区内、库内发生的仓储、运输及相关费用)。

(3)运往境外修理的货物,规定期限内复运进境,以海关审定的境外修理费、料件费、复运进境运输及相关费用、保险费估定价格。

(4)运往境外加工的货物,以海关审定的境外加工费、料件费、复运进境运输及相关费用、保险费估定价格。

(5)暂时进境的货物,按一般进口货物估价办法估定价格。

(6)租赁方式进口的货物:①租金方式支付的货物,以海关审定的租金估定价格;②留购的租赁货物,以海关审定的留购价格估定价格;③承租人一次缴纳税款的货物,按一般进口货物估价办法估定价格。

(7)留购进口货样,以海关审定的留购价格估定。

(8)减税或者免税进口的货物应当补税时,应当以海关审查确定的该货物原进口时的价格,扣除折旧部分价值作为完税价格,其计算公式为:

完税价格 = 海关审定的该货物原进口时的价格 × [1 - (申请补税时实际已进口的时间 ÷ 监管年限 × 12)]

其中"申请补税时实际已进口的时间"按月计算,不足1个月但超过15日的,按照1个月计算;不超过15日的,不予计算。

(9)其他方式进口货物,按一般进口货物估价办法估定价格。

四、进口货物完税价格中运输及相关费用、保险费的计算

在进口货物的运输及相关费用、保险费的计算中,海运进口货物计算至货物运抵境内的卸货口岸(包括内江、内河口岸);陆运进口货物计算至该货物运抵境内的第一口岸;如果运输及相关费用、保险费支付至目的地口岸,则计算至目的地口岸;空运进口货物,计算至该货物运抵境内的第一口岸;如果该货物的目的地为境内第一口岸外的其他口岸,则计算至目的地口岸。

陆运、空运、海运进口货物的运费、保险费应当按照实际支付的费用计算。如果进口货物的运费无法确定或未实际发生,应当按照该货物进口同期运输行业公布的运费率(额)计算运费。按照"货价 + 运费"两者总额的3‰计算保险费。

邮运的进口货物,应当以邮费作为运输及相关费用、保险费;以境外边境口岸价格条件成交的铁路或公路运输进口货物,应当按照货价的1%计算运输及相关费用、保险费;作为进口货物的自驾进口的运输工具,可以不另行计算运费。

五、出口货物的完税价格

1. 以成交价格为基础的完税价格

出口货物的完税价格,以该货物向境外销售的成交价格为基础审查确定,并应包括货物运至我国境内输出地点装卸前的运输及相关费用、保险费,但不含出口关税和支付给境外能单独列明的佣金。

2. 出口货物海关估价方法

出口货物的成交价格不能确定时,完税价格由海关依次使用下列方法估定:

(1) 同时或大约同时向同一国家或地区出口的相同货物的成交价格。

(2) 同时或大约同时向同一国家或地区出口的类似货物的成交价格。

(3) 根据境内生产相同或类似货物的成本、利润和一般费用,境内发生的运费及相关费用、保险费计算所得的价格。

(4) 按照合理方法估定的价格。

六、应纳进口关税的计算

应纳进口关税的计算公式分为以下几种:

(1) 从价关税的计算公式为:

$$应纳关税税额 = 完税价格 \times 税率$$

(2) 从量关税的计算公式为:

$$应纳关税税额 = 应税进口货物数量 \times 单位货物税额$$

(3) 复合关税的计算公式为:

$$应纳关税税额 = 应税进口货物数量 \times 单位货物税额 + 完税价格 \times 税率$$

(4) 滑准关税的计算公式为:

$$应纳关税税额 = 完税价格 \times 滑准关税税率$$

【例6—1】 某进出口公司从 A 国进口货物一批,成交价格(离岸价格)折合人民币 8 000 万元,其中包括单独计价并经海关审查属实的货物进口后装配调试费用60 万元,向境外采购代理人支付的买方佣金50 万元。另支付运费180 万元、保险费90 万元。假设该货物适用的关税税率为10%,增值税税率为17%,消费税税率为10%。试分别计算该公司应缴纳的关税、消费税和增值税。

(1) 计算应纳关税:

$$关税完税价格 = 8\,000 - 60 - 50 + 180 + 90 = 8160(万元)$$

$$关税 = 8\,160 \times 10\% = 816(万元)$$

(2) 计算应纳消费税、增值税:

$$组成计税价格 = \frac{8\,160 + 816}{1 - 10\%} = 9\,973.33(万元)$$

$$消费税 = 9\,973.33 \times 10\% = 997.33(万元)$$

$$增值税 = 9\,973.33 \times 17\% = 1\,695.47(万元)$$

七、应纳出口关税的计算

应纳出口关税税额的计算公式为:

$$应纳关税税额 = 完税价格 \times 出口税率$$

【例6—2】 宁波大通公司出口商品一批,该商品的离岸价格为288 000 元(含出口关税),出口关税税率为20%,试计算应纳出口关税税额。

$$关税完税价格 = \frac{288\,000}{1 + 20\%} = 240\,000(元)$$

关税 = 240 000 × 20% = 48 000（元）

八、进境物品进口税

进境物品的关税以及进口环节海关代征税合并为进口税，由海关依法征收。由于其中包含了在进口环节由海关代征的增值税、消费税，因而也是对个人非贸易性入境物品征收的进口关税和进口工商税收的总称，简称行邮税。

其征收对象包括入境旅客、运输工具、服务人员携带的应税行李物品、个人邮递物品、馈赠物品以及以其他方式进入国境的个人物品等，简称进口物品，不包括汽车、摩托车及其配件、附件。

纳税人为携带应税个人自用物品入境的旅客及运输工具的服务人员、进口邮递物品的收件人和以其他方式进口应税个人自用物品的收件人。

进境物品进口税实行 10%、20% 和 50% 三档比例税率，从价计征，完税价格参照该物品的境外正常零售平均价格确定。其计算公式为：

$$应纳税额 = 完税价格 \times 税率$$

纳税人应于海关放行应税个人自用物品之前缴清税款。

模块三 关税的申报与缴纳

一、关税的申报和纳税期限

进口货物的纳税义务人应当自运输工具申报进境之日起 14 日内，出口货物的纳税义务人除海关特准以外，应当在货物运抵海关监管区后、装货 24 小时以前，向货物的进出境地海关申报。

纳税人应当在海关填发税款缴款书之日起 15 日内向指定银行缴纳税款。逾期缴纳税款的，海关应当自缴款期限届满之日起至缴清税款之日止，按日加收滞纳税款万分之五的滞纳金。如果纳税人自海关填发税款缴款书之日起 3 个月仍未缴纳税款，经海关关长批准，海关可以采取强制扣缴、变价抵缴等强制措施。

关税纳税义务人因不可抗力或在国家税收政策调整的情况下，不能按期纳税的，经海关总署批准，可以延期纳税，但最长不得超过 6 个月。

二、关税的纳税地点

关税的缴纳地点，应根据纳税人申报及进出口货物的具体情况确定，主要有两种方式：

（1）关境地征收，即口岸征收。这是一种进出口货物在哪里通关，纳税人即在哪里纳税的常见方式。

（2）主管地征收，即集中征收。这是一种由缴纳人所在地的海关（主管地海关）监管其通关，关税也在纳税人所在地缴纳的方式。该方式只适用于集装箱运输。

三、关税的追征与退还

关于关税追征与退还的规定主要有：

关税补征是因非法纳税人违反海关规定造成的少征或漏征关税，关税补征期为缴纳税款或货物放行之日起 1 年内。

关税追征是因纳税人违反海关规定造成少征或漏征关税，关税追征期为进出口货物完税之日或货物放行之日起3年内。

如遇下列情况之一，可自缴纳税款之日起1年内，书面声明理由，连同原纳税收据向海关申请退税，逾期不予受理：①因海关误征而多纳税款的；②核准免验进口的货物，在完税后发现有短缺情况，经审查认可的；③已征出口关税的货物，因故未装运出口而申报退关，经海关查验属实的。对已征出口关税的出口货物和已征进口货物，因货物品种或规格原因原状复运进境或出境的，才能退税；属于其他原因且不能以原状复运进境或出境的，不能退税。

练　习

一、单项选择题

1. 关于关税特点的说法，下列选项正确的是（　　）。
   A. 关税的高低对进口国的生产影响较大，对国际贸易影响不大
   B. 关税是多环节价内税
   C. 具有纳税上的统一性和一次性
   D. 关税不仅对进出境的货物征税，还对进出境的劳务征税

2. 某企业进口一批材料，货物价款95万元，进口运费和保险费5万元，报关进口后发现其中的10%有严重质量问题并将其退货，出口方为补偿该企业，发送价值10万元（含进口运费、保险费0.5万元）的无代价抵偿物，进口关税税率为20%，该企业应缴纳进口关税（　　）。
   A. 18.00万元　　B. 20.00万元　　C. 22.00万元　　D. 22.10万元

3. 下列项目中，属于进口关税完税价格组成部分的是（　　）。
   A. 进口人向自己的境外采购代理人支付的购货佣金
   B. 进口人负担的向中介机构支付的经纪费
   C. 进口设备报关后的安装调试费用
   D. 货物运抵境内输入地点起卸之后的运输费用

4. 某外贸进出口公司2008年5月从日本进口14辆小轿车，每辆车的关税完税价格为人民币8万元，已知小轿车进口关税税率为25%，消费税税率为5%，该外贸进出口公司进口轿车应缴纳消费税（　　）。
   A. 16.52万元　　B. 7.37万元　　C. 7.00万元　　D. 5.89万元

5. 某高新技术企业免税进口一台设备，海关审定的进口价格为人民币60万元，海关监管期5年，该企业使用20个月后转售。该企业上述业务应纳关税（　　）。（关税税率为20%）
   A. 0　　B. 4万元　　C. 8.04万元　　D. 12万元

二、多项选择题

1. 关于出口货物关税完税价格的说法，正确的有（　　）。
   A. 出口关税不计入完税价格
   B. 在输出地点装载前发生的运费，应包含在完税价格中
   C. 在货物价款中单独列明由卖方承担的佣金不计入完税价格

D. 出口货物完税价格包含增值税销项税额

E. 出口货物成交价格无法确定的,一律采用估定价格

2. 按征税目的分类,关税可以分为( )。

　　A. 财政关税　　　B. 特别关税　　　C. 过境关税　　　D. 从价关税

3. 下列进口货物,免征关税的有( )。

　　A. 无商业价值的广告品　　　　　B. 商业宣传用(超过6个月)的货样

　　C. 外国政府无偿赠送的物资　　　D. 关税税额在人民币50元以下的货物

　　E. 国际组织有偿提供的设备

三、计算题

1. 某进出口公司进口摩托车1 000辆,经海关审定的货价为180万美元。另外,运抵我国关境内输入地点起卸包装费10万美元,运输费8万美元,保险费2万美元。假设1美元=7.81元人民币,该批摩托车进口关税税率为23%。

计算其应缴纳的关税税额。

2. 国内某企业从广州出口去新加坡的合金生铁一批,申报出口量86吨,每吨价格为FOB广州98美元。已知外汇折算率1美元=8.2元人民币。

要求计算其出口关税。

第七单元　企业所得税的纳税申报

学习目标
1. 了解企业所得税的内容、税率以及计税依据；
2. 掌握企业所得税的计算及申报缴纳。

模块一　认识企业所得税

一、企业所得税的含义

企业所得税是指对中华人民共和国境内的企业和其他取得收入的组织（以下统称企业）就其生产、经营所得和其他所得依法征收的一种税。它是国家参与企业利润分配的重要手段。

上述生产、经营所得，是指从事物质生产、交通运输、商品流通、劳务服务，以及经国务院财政部门确认的其他营利事业取得的所得。

其他所得，是指股息、利息、租金、转让各类资产、特许权使用费以及营业外收益等所得。

二、企业所得税的纳税义务人

企业所得税的纳税义务人（以下简称纳税人）为中华人民共和国境内的企业和其他取得收入的组织，具体分为居民企业和非居民企业，但是个人独资企业和合伙企业除外。

居民企业，是指依法在中国境内成立，或者依照外国（地区）法律成立但实际管理在中国境内的企业。非居民企业，是指依照外国（地区）法律成立且实际管理机关不在中国境内，但在中国境内设立机构、场所的，或者在中国境内未设立机构、场所，但有来源中国境内所得的企业。

居民企业应当就其来源中国境内、境外的所得缴纳企业所得税。非居民企业在中国境内设立机构、场所的，应当就其所设机构、场所取得的来源于中国境内的所得，以及发生在中国境外但与其所设机构、场所有实际联系的所得，缴纳企业所得税。非居民企业在中国境内未设立机构、场所的，或者虽设立机构、场所但取得的所得与其所设机构、场所没有实际联系的，应当就其来源于中国境内的所得缴纳企业所得税。

三、企业所得税的税率

一般情况下，企业所得税实行25%的比例税率。特殊情况下，企业符合《中华人民共和国企业所得税法》有关规定的，应按规定的相应税率执行，比如符合条件的小型微利企业，应减按20%的税率征收所得税，国家需要重点扶持的高新技术企业，应减按15%的税率征收企业所得税。

此外，非居民企业在中国境内未设立机构、场所的，或者虽设立机构、场所但取得的所得与其所设机构、场所没有实际联系的，应当就其来源于中国境内的所得缴纳企业所得税，但是它们所适用的所得税税率为20%。

四、亏损经营下企业所得税的弥补

企业纳税年度发生的亏损，准予向以后年度结转，用以后年度的所得弥补，但结转年限最长不得超过5年。企业所得税法只允许向后结转，企业一旦发生年度亏损，可以用下一纳税年度的所得弥补，弥补不足的，可以逐年延续弥补，但是最长不得超过5年。这种结转办法对国家财政收入有利，可以避免办理退税手续。需要注意的是，企业在汇总计算缴纳企业所得税时，其境外营业机构的亏损不得抵减境内营业机构的赢利。

【例7—1】 某小型企业2010年以来经营情况如下：2010年发生亏损20万元；2011年获利15万元，2012年又亏损30万元，2013年获利45万元。分析该企业这4年的纳税情况。

【解析】 2010年发生亏损20万元，无所得，所以不用缴纳企业所得税。

2011年获利15万元，可弥补2010年度发生的亏损，弥补后无所得，所以不用缴纳企业所得税。且2010年发生的亏损，仍有5万元（20-15=5）亏损未得到弥补。

2012年又亏损30万元，无所得，所以不用缴纳企业所得税。

2013年获利45万元，先弥补2010年度末得到弥补的亏损5万元，再弥补2012年的亏损30万元，2013年应纳税所得额为10万元（45-5-30=10）。

五、企业所得税的计税依据

企业所得税的计税依据即应纳税所得额，是指按照税法规定纳税人在一定期间所有应税收入减除在该纳税期间依法允许减除的各种支出后的余额，通常是纳税人每一纳税年度的收入总额减去准予扣除项目后的余额。

1. 企业一个纳税年度的收入总额

为了计算应纳所得额，首先必须确定企业一个纳税年度的收入总额。纳税年度自公历1月1日起至12月31日止。纳税人在一个纳税年度的中间开业，或者由于合并、关闭等原因，使该纳税年度的实际经营不足12个月的，应当以实际经营期为一个纳税年度。纳税人清算时，应当以清算期间作为一个纳税年度。

收入总额是指企业以货币形式和非货币形式从各种来源取得的收入，具体包括：

（1）销售货物收入。

（2）提供劳务收入。

（3）转让财产收入。

（4）股息、红利等权益性投资收益。

（5）利息收入。

（6）租金收入。

（7）特许权使用费收入。

（8）接受捐赠收入。

（9）其他收入。

2. 不征税收入的范围

不征税收入是指从性质和根源上不属于企业营利性活动所带来的经济利益、不负有纳税义务并且不作为应纳税所得额组成部分的收入。收入总额中的下列收入为不征税收入：

（1）财政拨款。

（2）依法收取并纳入财政管理的行政事业性收费和政府性基金。

（3）国务院规定的其他不征税收入。

3. 免税收入的范围

免税收入是指属于企业的应税所得但是按照税法规定免予征收企业所得税的收入。企业的下列收入为免税收入：

（1）国债利息收入。

（2）符合条件的居民企业之间的股息、红利等权益性投资收益。

（3）在中国境内设立机构、场所的非居民企业从居民企业取得与该机构、场所有实际联系的股息、红利等权益性投资收益。

（4）符合条件的非营利组织的收入。

4. 允许扣除及不得扣除的支出范围

根据《中华人民共和国企业所得税法》的规定，下列支出准予在计算应纳税所得额时扣除：

（1）企业实际发生的与取得收入有关的、合理的支出，包括成本、费用、税金、损失和其他支出，准予在计算应纳税所得额时扣除。

（2）企业发生的公益性捐赠支出，在年度利润总额12%以内的部分，准予在计算应纳税所得额时扣除。

（3）企业使用或者销售存货，按照规定计算的存货成本，准予在计算应纳税所得额时扣除。

（4）企业转让资产，该项资产的净值，准予在计算应纳税所得额时扣除。

（5）企业纳税年度发生的亏损，准予向以后年度结转，用以后年度的所得弥补，但结转年限最长不得超过5年。

但是在计算应纳税所得额时，下列支出不得扣除：

（1）向投资者支付的股息、红利等权益性投资收益款项。

（2）企业所得税税款。

（3）税收滞纳金。

（4）罚金、罚款和没收财物的损失。

（5）非公益、救济性捐赠支出；超过国家规定标准的公益、救济性捐赠。

（6）赞助支出。

（7）未经核定的准备金支出。

（8）与取得收入无关的其他支出。

此外，企业对外投资期间，投资资产的成本在计算应纳税所得额时也不得扣除。

六、应纳税所得额的计算公式

应纳税所得额的计算有两种方法：其一，根据定义计算；其二，在会计利润的基础上进行纳税调整。其计算公式分别为：

应纳税所得额＝收入总额－(不征税收入＋免税收入＋允许的各项扣除＋允许弥补的以前年度亏损)

$$应纳税所得额 = 会计利润 \pm 纳税调整项$$

其中,纳税调整项是指企业在核算会计利润时,与税法规定的应纳税所得额有关收入、成本、费用和损失的处理不一致的项目。

模块二 企业所得税的计算

一、企业所得税应纳税额的计算

企业的应纳税所得额乘以适用税率,减除《中华人民共和国所得税法》关于税收优惠的规定减免和抵扣的税额后的余额,为应纳税额。应纳企业所得税税额的计算公式为:

$$应纳企业所得税 = 应纳税所得额 \times 适用税率$$

【例7—2】 某企业20××年的账面利润为20万元,企业的会计处理与税收法规不相符的有如下几项:①增值税的滞留金5 000元,列入营业外支出。②交际应酬费中有3 000元,没有合法凭证。请计算该企业应缴纳的企业所得税。

【解析】 增值税的滞纳金列入营业外支出,核算利润时予以扣减,但税法规定税收滞纳金不能从收入中扣除,因此,应调增应纳税所得额。另外,税法规定扣除交际应酬费必须有合法的凭证,因此,3 000元应调增应纳税所得额。

$$应纳税所得额 = 利润总额 \pm 纳税调整项目金额$$
$$= 200\ 000 + 5\ 000 + 3\ 000$$
$$= 208\ 000(元)$$
$$应纳企业所得税 = 208\ 000 \times 25\% = 52\ 000(元)$$

企业取得的下列所得已在境外缴纳的所得税额,可以从其当期应纳税额中抵免,抵免限额为该项所得依照法律规定计算的应纳税税额;超过抵免限额的部分,可以在以后5个年度内,用每年度抵免限额抵免当年抵税额后的余额进行抵补:

(1)居民企业来源于中国境外的应税所得。

(2)非居民企业在中国境内设立机构、场所,取得发生在中国境外但与该机构、场所有实际联系的应税所得。

居民企业从其直接或者间接控制的外国企业分得的来源于中国境外的股息、红利等权益性投资收益,可以作为该居民企业的可抵免境外所得税税额,从其当期应纳税额中抵免,抵免限额为该项所得依照企业所得税法规定计算的应纳税所得额;超过抵免限额的部分,可以在以后5个年度内,用每年度抵免限额抵免当年应抵税额后的余额进行抵补。

外国企业在境外实际缴纳的所得税税额中属于该项所得负担的部分,可以作为该居民企业的可抵免境外所得税税额,从其当期应纳税额中抵免,抵免限额为该项所得依照企业所得税法规定计算的应纳税所得额;超过抵免限额的部分,可以在以后5个年度内,用每年度抵免限额抵免当年应抵税额后的余额进行抵补。

二、税收优惠

国家对重点扶持和鼓励发展的产业和项目,给予企业所得税优惠。具体措施如下。

1. 免税收入

免税收入是指属于企业的应税所得,但按照税法规定免予征收企业所得税的收入。企业的下列收入为免税收入:

(1) 国债利息收入。
(2) 符合条件的居民企业之间的股息、红利等权益性投资收益。
(3) 在中国境内设立机构、场所的非居民企业从居民企业取得与该机构、场所有实际联系的股息、红利等权益性投资收益。
(4) 符合条件的非营利组织的收入。

2. 免征、减征企业所得税的项目

免征、减征企业所得税，是指国家税务机关根据税法的规定，对符合条件的企业免收所得税或者减收部分所得税的优惠措施。企业的下列所得，可以免征、减征企业所得税：

(1) 从事农、林、牧、渔业项目的所得。
(2) 从事国家重点扶持的公共基础设施项目投资经营的所得。
(3) 从事符合条件的环境保护、节能节水项目的所得。
(4) 符合条件的技术转让所得。
(5) 非居民企业在中国境内未设立机构、场所的，或者虽设立机构、场所但取得的所得与其所设机构、场所没有实际联系的，其中来源于中国境内的所得。

3. 小型微利企业或者高新技术企业的规定

对于小型微利企业的判定标准，可以参考《中小企业标准暂行规定》执行。在我国的企业群体中，小型微利企业占据较大的比重，在解决就业、增加税收方面起着巨大的作用。对其采取税收优惠政策，有利于培养其成长，发展壮大成中型企业乃至大型企业。

国家对于符合条件的小型微利企业，减按20%的税率征收企业所得税。

高新技术包括生物技术、信息技术、新能源技术、新材料技术、空间技术和海洋技术等。高新技术产业的具体认定标准，可参考《国家高新技术产业开发区高新技术认定条件和办法》的规定。国家需要重点扶持的高新技术，减按20%的税率征收企业所得税。

4. 民族自治地方的自治机关的规定

民族自治地方的自治机关对本民族自治地方的企业应缴纳的企业所得税中属于地方分享的部分，可以决定减免或者免征。自治州、自治县决定减征或者免征的，须报省、自治区、直辖市人民政府批准。

5. 加计扣除支出的规定

加计扣除是指按照税法规定在实际发生税额的基础上，再加成一定的比例，作为应纳税所得额扣除税额的一种税收优惠措施。

企业的下列支出，可以在计算应纳税所得额时加计扣除：

(1) 开发新技术、新产品和新工艺发生的研究开发费用。
(2) 安置残疾人员及国家鼓励安置的其他就业人员所支付的工资。

6. 创业投资企业的规定

创业投资企业从事国家需要重点扶持和鼓励的创业投资，可以按投资额的一定比例抵扣应纳税所得额。创业投资企业在国内又被称为"风险投资"，具体认定标准可参考《创业投资企业管理暂行办法》的规定。

7. 企业加速折旧的规定

企业的固定资产由于技术进步等原因，确需加速折旧的，可以缩短折旧年限或者采取加速折旧的方法。加速折旧是指按照税法规定，准予采取缩短折旧年限、提高折旧率的办法，加快折旧速度，减少应纳税所得额的一种税收优惠措施。

8. 综合利用资源的规定

企业综合利用资源，生产符合国家产业政策规定的产品所取得的收入，可以在计算应纳税所得额时减计收入。

9. 购置环保节能等设备的规定

企业购置用于环境保护、节能节水和安全生产等专业设备的投资额，可以按一定比例实行税额抵免。

三、源泉扣缴

源泉扣缴是指以所得支付者为扣缴义务人，在每次向纳税人支付有关所得款项时代为扣缴税款的做法。实行源泉扣缴的最大优点在于可以有效保护税源，保证国家的财政收入，防止偷税、漏税，简化纳税手续。

有关源泉扣缴的具体规定如下：

（1）对非居民企业取得企业所得税法第三条第三款规定的所得应缴纳的所得税，实行源泉扣缴，以支付人为扣缴义务人。税款由扣缴义务人在每次支付或者到期应支付时，从支付或者到期应支付的款项中扣缴。

（2）对非居民企业在中国境内取得工程作业和劳务所得应缴纳的所得税，税务机关可以指定工程价款或者劳务费的支付人为扣缴义务人。

（3）依照企业所得税法第三十七条、第三十八条规定应当扣缴的所得税，扣缴义务人未依法扣缴或者无法履行扣缴义务的，由纳税人在所得发生地缴纳。纳税人未依法缴纳的，税务机关可以从该纳税人在中国境内其他收入项目的支付人应付的款项中，追缴该纳税人的应纳税款。

（4）扣缴义务人每次代扣的税款，应当自代扣之日起 7 日缴入国库，并向所在地的税务机关报送扣缴企业所得税报告表。

四、特别纳税调整

企业与其关联方之间的业务往来，不符合独立交易原则而减少企业或者其关联方应纳税收入或者所得额的，税务机关有权按照合理方法调整。

企业与其关联方共同开发、受让无形资产，或者共同提供、接受劳务发生的成本，在计算应纳税所得额时应当按照独立交易原则进行分摊。

企业可以向税务机关提出与其关联方之间业务往来的定价原则和计算方式，税务机关与企业协商、确认后，达成预约定价安排。

企业向税务机关报送年度企业所得税纳税申报表时，应当就其与关联方之间的业务往来，附送年度关联业务往来报告表。

税务机关在进行关联业务调查时，企业及其关联方，以及与关联业务调查有关的其他企业，应当按照规定提供相关资料。

企业不提供与其关联方之间业务往来资料，或者提供虚假、不完整资料，未能真实反映其关联往来情况的，税务机关有权依法核定其应纳税所得额。

由居民企业，或者由居民企业和在国内居民控制的设立在实际税负明显低于企业所得税法第四条第一款规定（企业所得税的税率为25%）税率水平的国家（地区）的企业，并非由于合理的经营需要而对利润不作分配或者减少分配的,上述利润中应属于该居民企业的部分,应当计入该居民企业的当期收入。

企业从其关联方接受的债权性与权益性投资的比例超过规定标准而发生的利息支出,不得在计算应纳税所得额时扣除。

企业实施其他不具有合理商业目的的安排而减少其应纳税收入或者所得额的,税务机关有权按照合理方法调整。税务机关依照规定作出纳税调整,需要补征税款的,应当补征税款,并按照国务院规定加收利息。

模块三 企业所得税的申报与缴纳

一、企业所得税的纳税期限

企业所得税按纳税年度计算。

企业应当自月份或者季度终了之日起15日内,向税务机关报送预缴企业所得税纳税申报表,预缴税款;企业应当自年度终了之日起5个月内,向税务机关报送年度企业所得税纳税申报表,并汇算清缴,结算应缴应退税款。

企业在报送企业所得税纳税申报表时,应当按照规定附送财务会计报告和其他有关资料。分月(季)预缴企业所得税的,其纳税申报期限内如遇元旦、春节、五一劳动节、国庆节等法定节假日的,纳税申报期限向后顺延法定放假天数。例如,2011年10月份预缴第三季度企业所得税的纳税申报期限为2011年10月1日至10月15日,期间包含国庆节放假7天,则该季度纳税申报期限顺延至10月22日;2012年1月份预缴2011年第四季度企业所得税的纳税申报期限为2012年1月1日至1月15日,期间包含元旦放假3天,则该季度纳税申报期限顺延至1月18日。分月(季)预缴企业所得税的,其纳税申报期限最后一天如为周末、法定节假日的,纳税申报期限向后顺延至休假日之后的第一个工作日。

企业在年度中间终止经营活动的,应当自实际经营终止之日起60日内,向税务机关办理当期企业所得税汇算清缴。

企业应当在办理注销登记前,就其清算所得向税务机关申报并依法缴纳企业所得税。缴纳企业所得税以人民币计算。所得以人民币以外的货币计算的,应当折合成人民币计算并缴纳税款。

二、居民企业的纳税地点

在实际税收征缴过程中,纳税地点的确认非常关键。实践中,企业避税的主要方法之一就是根据不同地区的税负差距,来决定自己的企业登记注册地;还有的企业到境外其他税负明显偏低的国家或者地区注册登记,然后回到国内投资生产,从而逃避大量的税收,此即所谓的"假外资企业"。为了避免这种情形的出现进而影响到国家的税收征管,企业所得税法明确规定,除税收法律、行政法规另有规定外,居民企业以企业登记注册地为纳税地点;但登记注册地在境外的,以实际管理机构所在地为纳税地点。

居民企业在中国境内设立不具有法人资格的营业机构的,应当汇总计算并缴纳企业所得税。

需要注意的是,除国务院另有规定外,企业之间不得合并缴纳企业所得税。

三、非居民企业的纳税地点

非居民企业取得企业所得税法第三条第二款规定的"非居民企业在中国境内未设立机构、场所的,应当就其所设机构、场所取得的来源于中国境内的所得",以及"发生在中国境外但与其所设机构、场所有实际联系的所得",以机构、场所所在地为纳税地点。非居民企业在中国境内设立两个或者两个以上机构、场所的,经税务机关审核批准,可以选择以其主要机构、场所汇总缴纳企业所得税。

非居民企业取得企业所得税法第三条第三款规定的"非居民企业在中国境内未设立机构、场所的,或者虽设立机构、场所但取得的所得与其所设机构、场所没有实际联系的,应当就其来源于中国境内的所得",以扣缴义务人所在地为纳税地点。

四、企业所得税纳税申报表的组成及主要内容

企业所得税纳税申报表由"企业所得税年度纳税申报表""企业所得税核定征收申请表"和"企业所得税预缴纳税申报表"3张主表和20张年度纳税申报表附表组成。在年度纳税申报表20张附表中,分类通用附表11张,特性附表9张。

企业所得税纳税申报表在三种情况下区别不同纳税人使用:主表1——企业所得税年度纳税申报表及其20张附表,适用于实行查账征收方式的企业所得税纳税人在办理年度汇算清缴企业所得税时使用;主表2——企业所得税预缴纳税申报表,适用于实行查账征收方式的企业所得税纳税人在季度预缴企业所得税时使用;主表3——企业所得税纳税申报表,适用于核定征收方式的企业在季度(月)和年度申报缴纳企业所得税时使用。也就是说,按征收方式把企业所得税纳税人分为两类分别进行申报:一种是实行查账征收方式的纳税人在季度(月)预缴企业所得税时使用简单的企业所得税预缴纳税申报表,年度汇算清缴企业所得税时使用细化的企业所得税年度纳税申报表及其所有附表;另一种是实行核定征收企业所得税的纳税人季度(月)、年度都使用简单的企业所得税纳税申报表。其具体内容见表7—1。

表7—1 企业所得税纳税申报表及其附表目录

序号	报表名称	期间	备注
1	企业所得税预缴纳税申报表	月(季)	查账征收企业季度(月)预缴所得税时填报
2	企业所得税纳税申报表(适用于核定征收企业)	月(季)	核定征收企业填报
3	企业所得税年度纳税申报表	年度	查账征收企业年度填报
4	附表一(1):销售(营业)收入及其他收入明细表	年度	执行《企业会计制度》《小企业会计制度》的纳税人填表
5	附表一(2):金融企业收入明细表	年度	执行《金融企业会计制度》的纳税人填报
6	附表一(3):事业单位、社会团体、民办非企业单位收入项目明细表	年度	事业单位、社会团体、民办非企业单位填报
7	附表二(1):成本费用明细表	年度	执行《企业会计制度》《小企业会计制度》的纳税人填报

续表

序号	报表名称	期间	备注
8	附表二（2）：金融企业成本费用明细表	年度	执行《金融企业会计制度》的纳税人填报
9	附表二（3）：事业单位、社会团体、民办非企业单位支出项目明细表	年度	事业单位、社会团体、民办非企业单位填报
10	附表三：投资所得（损失）明细表	年度	
11	附表四：纳税调整增加项目明细表	年度	
12	附表五：纳税调整减少项目明细表	年度	
13	附表六：税前弥补亏损明细表	年度	
14	附表七：免税所得及减免税明细表	年度	
15	附表八：捐赠支出明细表	年度	
16	附表九：技术开发费加计扣除额明细表	年度	
17	附表十：境外所得税抵扣计算明细表	年度	
18	附表十一：广告费支出明细表	年度	
19	附表十二：工资薪金和工会经费等三项经费明细表	年度	
20	附表十三：资产折旧、摊销明细表	年度	
21	附表十四（1）：坏账损失明细表	年度	
22	附表十四（2）：呆账准备计提明细表	年度	执行《金融企业会计制度》的纳税人填报
23	附表十四（3）：保险准备金提转差纳税调整表	年度	执行《金融企业会计制度》的纳税人填报

本书介绍3张企业所得税纳税申报主表和几张重要的年度纳税申报表附表。

1. 适用于核定征收企业的企业所得税纳税申报表及其填报

表7—2的使用对象适用按照核定征收办法（包括核定应税所得率和核定税额征收方式）缴纳企业所得税的纳税人在季度（月）和年度申报缴纳企业所得税时使用。其具体项目填报说明如下：

（1）第1行"收入总额"：填报当期取得的各项收入的合计金额。（按照收入总额核定应税所得率的纳税人填报）收入总额是指全部应税收入，不包括免税所得以及事业单位的免税项目收入。

（2）第2行"成本费用"：填表计入当期的成本费用的合计金额。（按照成本费用核定应税所得率的纳税人填报）由于目前有些城市不实行成本费用核定应税所得率办法，此行暂不填列。

（3）第3行"应税所得率"：填报主管税务机关核定的应税所得率（应税所得率即行业纯益率）。

（4）第4行"应纳税所得额"：①实行应税所得率征收企业所得税的纳税人，按照本表计算所得填写。其计算公式为：应纳税所得额＝收入总额×应税所得率。②实行定额征收企业所得税的纳税人，汽车驾驶学校此行填报培养学员的人数；砖窑、灰窑和煤窑填报当期生产的数量。

（5）第5行"适用税率"：实行应税所得率征收企业所得税的纳税人，填报纳税人当期应纳税所得额按规定适用的企业所得税法定税额；实行定额征收企业所得税的纳税人，填报税务机关核定的单位税额。

（6）第6行"应缴所得税额"：按照本表计算所得填写。其计算公式为：

应缴所得税额＝应纳税所得额×适用税率（6＝4×5）

（7）第7行"实际已预缴的所得税额"：填报当年累计已预缴的企业所得税额。

（8）第8行"应补（退）的所得税额"：据本表计算所得填写，即：应补（退）的所得额＝应缴所得税额－实际已预缴的所得税额（8＝6－7）。

（9）实行核定应纳所得税额的纳税人，本表第1行至第3行，不需填报。

表7—2　　　　　　　　　　**企业所得税纳税申报表**
（适用于核定征收企业）

税款所属期间：　　年　　月至　　年　　月

纳税人识别号：□□□□□□□□□□□□□□□

纳税人名称：　　　　　　　　　　　　　　　　　　　金额单位：元（列至角分）

纳税申报栏			
项目	行次	本期数	累计数
收入总额	1		
成本费用	2		
应税所得率	3		
应纳税所得额	4		
适用税率	5		
应缴所得税额（4×5）	6		
减：实际已预缴的所得税额	7		
应补（退）的所得税额（8＝6－7）	8		
纳税人公章： 经办人（签章）： 申报日期：　　年　月　日		主管税务机关受理专用章： 受理人： 受理日期：　　年　月　日	

2. 企业所得税年度纳税申请表

企业所得税年度纳税申请表（见表7—3）的使用对象是实行查账征收方式的企业

所得税纳税人。无论纳税人采取何种申报方式申报企业所得税，都必须于年度终了4个月内，将纸质企业所得税年度纳税申请表及相关资料，向主管税务机关办理企业所得税纳税申请表。纳税人发生解散、破产、撤销情形并进行清算的，应在办理工商注销登记之前，向当地主管税务机关办理企业所得税纳税申报。纳税人有其他情形依法终止纳税义务的，应当在停止生产、经营之日起60日内，向主管税务机关办理企业所得税纳税申报。

表7—3　　　　　　　　　　企业所得税年度纳税申请表（主表）

税款所属时间：　　　　年　　月　　日至　　年　　月　　日

纳税人识别号：□□□□□□□□□□□□□□□

金额单位：元（列至角分）

	地税计算机代码		主管税务机关	
	纳税人名称		联系电话	
	生产经营地址			
	行次	项目		金额
收入总额	1	销售（营业）收入（请填附表一）		
	2	投资收益（请填附表三）		
	3	投资转让净收入（请填附表三）		
	4	补贴收入		
	5	其他收入（请填附表一）		
	6	收入总额合计（1+2+3+4+5）		
扣税总额	7	销售（营业）成本（请填附表二）		
	8	主营业务税金及附加		
	9	期间费用（请填附表二）		
	10	投资转让成本（请填附表三）		
	11	其他扣税项目（请填附表二）		
	12	扣除项目合计（7+8+9+10+11）		
应纳税所得额的计算	13	纳税调整前所得（6-12）		
	14	加：纳税调整增加额（请填附表四）		
	15	减：纳税调整减少额（请填附表五）		
	16	纳税调整后所得（13+14-15）		
	17	减：弥补以前年度亏损（请填附表六）（17≤16）		
	18	减：免税所得（请填附表七）（18≤16-17）		
	19	加：应补税投资收益已缴所得税额		
	20	减：允许扣除的公益救济性捐赠额（请填附表八）（20≤16-17-18+19）		
	21	减：加计扣除额（21≤16-17-18+19-20）		

续表

	行次	项目	金额
应纳所得税额的计算	22	应纳税所得额（16－17－18＋19－20－21）	
	23	适用税率	
	24	境内所得应纳所得税额（22×23）	
	25	减：境内投资所得抵免税额	
	26	加：境外所得应纳所得税额（请填附表十）	
	27	减：境外所得抵免税额（请填附表十）	
	28	境内、外所得应纳所得税额（24－25＋26－27）	
	29	减：减免所得税额（请填附表七）（29≤28）	
	30	实际应纳所得税额（28－29）	
	31	汇总纳税成员企业就地预缴比例	
	32	汇总纳税成员企业就地应预缴的所得税额（30×31）	
	33	减：本期累计实际已预缴的所得税额	
	34	本期应补（退）的所得税额	
	35	附：上年应缴未缴本年入库所得税额	

纳税人声明：此纳税申请表是根据《中华人民共和国企业所得税暂行条例》及其实施细则和国家有关税收规定填报，是真实的、完整的。

法定代表人（签字）： 　　　　　　　　　　　　　　　　　　　　　　年　月　日

纳税人公章： 经办人： 申报日期：　年 月 日	代理申报中介机构公章： 经办人执业证件号码： 代理申办日期：　年 月 日	主管税务机关受理专用章： 受理人： 受理日期：　年 月 日

企业所得税年度纳税申报表的表间结构及与附表的勾稽关系如下：

第1行＝附表一（1）第1行或附表一（2）第1行或附表一（3）第3至7行合计。

第2行＝附表三第4列第17行。

第3行＝附表二第6列第17行。

第5行＝附表一（1）第16行或附表一（2）第16行或附表一（3）第10行和第11行合计。

第7行＝附表二（1）第1行或附表二（2）第1行。

第9行＝附表二（1）第29行或附表二（2）第39行。

第10行＝附表三第9列第17行。

第11行＝附表二（1）第17行或附表二（2）第26行或附表二（3）第14行。

第14行＝附表四第41行。

第 15 行 = 附表五第 21 行。

第 16 行 = 第 13 + 14 - 15 行。

第 17 行 = 附表六第 10 列第 6 行，且第 17 行≤第 16 行。

第 18 行与附表七第 1 行关系，分以下几种情况：当本表第 16 行≤0，则 18 行 = 0；当本表 16 行>0，且本表 16 - 17 行≥附表七第 1 行，则 18 行 = 附表七第 1 行；当本表 16 行>0，且本表 16 - 17 行<附表七第 1 行，则 18 行 = 本表 16 - 17 行。第 18 行≤本表第 16 - 17 行。

第 20 行与附表八第 5 列第 1 行关系，分以下几种情况：当本表第 16 行≤0，则 20 行 = 0，同时附表八第 5 列第 1 行 = 0；当本表 16 行>0，且本表 16 - 17 - 18 + 19 行≥附表八第 5 列第 1 行，则 20 行 = 附表八第 5 列第 1 行；当本表 16 行>0，且本表 16 - 17 - 18 + 19 行<附表八第 5 列第 1 行，则 20 行 = 本表 16 - 17 - 18 + 19 行。第 20 行≤本表 16 - 17 - 18 + 19 - 20 行。

第 21 行≤第 16 - 17 - 18 + 19。

第 22 行 = 第 16 - 17 - 18 + 19 - 20 - 21 行。

第 25 行≤第 24 行。

第 26 行 = 附表十第 7 列"合计"行。

第 27 行 = 附表十第 12 列或第 8 列 + 第 11 列的"合计"行，且≤第 9 列（当第 8 列≤第 9 列）或等于第 9 列（当第 8 列>第 9 列）。

第 29 行与附表七第 10 行 + 62 行关系，分以下几种情况：当本表 28 行>0，且 28 行≥附表七第 10 行 + 62 行，则 29 行 = 附表七第 10 行 + 62 行；当本表 28 行>0，且 28 行<附表七第 10 行 + 62 行，则 29 行 = 28 行。第 29 行≤第 28 行。

3. 销售（营业）收入及其他收入明细表（见表7—4）

表 7—4　　　　　　　　　　销售（营业）收入及其他收入明细表

填报时间：　年　月　日　　　　　　　　　　　　　　　金额单位：元（列至角分）

行次	项目	金额
1	一、销售（营业）收入合计（2 + 7 + 12）	
2	1. 主营业务收入（3 + 4 + 5 + 6）	
3	（1）销售商品	
4	（2）提供劳务	
5	（3）让渡资产使用权	
6	（4）建造合同	
7	2. 其他业务收入（8 + 9 + 10 + 11）	
8	（1）材料销售收入	
9	（2）代购代销手续费收入	
10	（3）包装物出租收入	
11	（4）其他	
12	3. 视同销售收入（13 + 14 + 15）	
13	（1）自产、委托加工产品视同销售的收入	
14	（2）处置非货币性资产视同销售的收入	

续表

行次	项目	金额
15	（3）其他视同销售的收入	
16	二、其他收入合计（17＋24）	
17	1. 营业外收入（18＋19＋…＋23）	
18	（1）固定资产盘盈	
19	（2）处置固定资产净收益	
20	（3）非货币性资产交易收益	
21	（4）出售无形资产收益	
22	（5）罚款净收入	
23	（6）其他	
24	2. 税收上应确认的其他收入（25＋26＋27＋28＋29）	
25	（1）因债权人原因确实无法支付的应付款项	
26	（2）债务重组收益	
27	（3）接受捐赠的资产	
28	（4）资产评估增值	
29	（5）其他	

经办人（签章）：　　　　　　　　　　　　法定代表人（签章）：

4. 成本费用明细表（见表7—5）

表7—5　　　　　　　　　　成本费用明细表

填报时间：　　年　月　日　　　　　　　　金额单位：元（列至角分）

行次	项目	金额
1	一、销售（营业）成本合计（2＋7＋13）	
2	1. 主营业务成本（3＋4＋5＋6）	
3	（1）销售商品成本	
4	（2）提供劳务成本	
5	（3）让渡资产使用权成本	
6	（4）建造合同成本	
7	2. 其他业务支出（8＋9＋10＋11＋12）	
8	（1）材料销售产品	
9	（2）代购代销费用	
10	（3）包装物出租成本	
11	（4）相关税金及附加	
12	（5）其他	
13	3. 视同销售成本（14＋15＋16）	
14	（1）自产、委托加工产品视同销售成本	

续表

行次	项目	金额
15	（2）处置非货币性资产视同销售成本	
16	（3）其他视同销售成本	
17	二、其他扣除项目合同（18＋26）	
18	1. 营业外支出（19＋20＋…＋25）	
19	（1）固定资产盘亏	
20	（2）处置固定资产净损失	
21	（3）出售无形资产损失	
22	（4）债务重组损失	
23	（5）罚款支出	
24	（6）非常损失	
25	（7）其他（包括三项减值准备）	
26	2. 税收上应确认的其他成本费用（27＋28）	
27	（1）资产评估减值	
28	（2）其他	
29	三、期间费用合计（30＋31＋32）	
30	1. 销售（营业）费用	
31	2. 管理费用	
32	3. 财务费用	

经办人（签章）：　　　　　　　　法定代表人（签章）：

5. 投资所得（损失）明细表（见表7—6）

表7—6　　　　　　　　投资所得（损失）明细表

填报时间：　　年　月　日　　　　　　　　　　金额单位：元（列至角分）

行次	投资资产种类	被投资企业所在地	占被投资企业权益比例	被投资企业所得税率	投资收益（持有收益）	应补税的投资收益已纳企业所得税	投资转让所得或损失（处置收益）			
							投资转让净收入	投资转让成本		投资转让所得或损失
								初始投资成本	计税成本调整	投资转让成本	
		1	2	3	4	5	6	7	8	9	10
1	一、债权投资（小计）	*	*	*		*		*			
2	（一）短期借款投资（小计）	*	*	*		*		*			
3		*	*	*		*		*			
4	（二）长期债权投资（小计）	*	*	*		*					

续表

行次	投资资产种类	被投资企业所在地	占被投资企业权益比例	被投资企业所得税率	投资收益（持有收益）	应补税的投资收益已纳企业所得税	投资转让所得或损失（处置收益）				投资转让所得或损失
							投资转让净收入	投资转让成本			
								初始投资成本	计税成本调整	投资转让成本	
		1	2	3	4	5	6	7	8	9	10
5		*	*	*		*					
6	二、股权投资（小计）	*	*	*							
7	（一）短期股权投资（小计）	*	*	*							
8											
9											
10	（二）长期股权投资（小计）	*	*	*							
11											
12											
		*	*	*					*		*
补充资料												
1. 以前年度结转在本年度税前扣除的股权投资转让损失					2. 本年度股权投资转让损失税前扣除限额							
3. 投资转让净损失纳税调整额					4. 投资转让净损失结转以后年度扣除金额（累计）							

经办人（签章）：　　　　　　法定代表人（签章）：

6. 税前弥补亏损明细表（见表7—7）

表7—7　　　　税前弥补亏损明细表

填报时间：　　年　月　日　　　　　　　　　　金额单位：元（列至角分）

行次	项目	年度	亏损或盈利额	合并分立企业转入可弥补亏损额	合计	在亏损年度以后已弥补过的亏损额				本年度可弥补的亏损额	可结转下一年度弥补的亏损额
						第二年	第三年	第四年	第五年	合计		
1	第一年											*
2	第二年				*							
3	第三年				*	*						

续表

行次	项目	年度	亏损或盈利额	合并分立企业转入可弥补亏损额	合计	在亏损年度以后已弥补过的亏损额					本年度可弥补的亏损额	可结转下一年度弥补的亏损额
						第二年	第三年	第四年	第五年	合计		
4	第四年					*	*	*				
5	第五年					*	*	*	*			
6	本年					*	*	*	*	*		
7					可结转下一年度弥补的亏损额合计								

经办人（签章）： 法定代表人（签章）：

7. 免税所得及减免税明细表（见表7—8）

表7—8　　　　　　　　免税所得及减免税明细表

填报时间：　　　年　月　日　　　　　　　　　　金额单位：元（列至角分）

行次	项目	金额
1	一、免税所得（2+3+…+9）	
2	国债利息所得	
3	免税的补贴收入	
4	免税的纳入预算管理基金、收费或附加	
5	免于补税的投资收益	
6	免税的技术转让收益	
7	免税的治理"三废"收益	
8	种植业、养殖业及农林产品初加工所得	
9	其他免税所得	
10	二、减免税（11+17+18+26+31+34+42+51+52+53+54+60+61）	
11	（一）高新技术企业及技术进步（12+13+…+16）	
12	其中：1. 高新技术开发区	
13	2. 软件、集团电路	
14	3. 非营利科研机构	
15	4. 科研机构转制为企业5年免税	
16	5. 其他	
17	（二）基础设施建设减免	
18	（三）各类区域优惠减免（19+20+…+25）	
19	其中：1. 西部大开发减免	
20	2. 西气东输	

续表

行次	项目	金额
21	3. 东北老工业基地减免	
22	4. 民族自治区域减免	
23	5. 老少边穷减免	
24	6. 天津滨海新区的高新技术企业	
25	7. 其他	
26	（四）农业减免（27+28+29+30）	
27	1. 农业产业化龙头企业免税	
28	2. 农业产前、产中服务业	
29	3. 远洋捕捞业免税	
30	4. 其他	
31	（五）第三产业减免（32+33）	
32	其中：1. 新办的服务型企业	
33	2. 其他减免	
34	（六）文教卫生减免（35+36+…+41）	
35	其中：1. 青少年活动中心	
36	2. 非营利医疗机构	
37	3. 中央电视台	
38	4. 学校培训班收入	
39	5. 高校后勤减免	
40	6. 29届奥运会免税	
41	7. 其他	
42	（七）促进就业减免（43+44+…+50）	
43	其中：1. 民政福利企业	
44	2. 劳服企业	
45	3. 下岗失业人员再就业	
46	4. 随军家属企业	
47	5. 军转干部企业	
48	6. 国有企业主辅分离企业	
49	7. 老年服务机构	
50	8. 其他减免	
51	（八）资源综合利用减免	
52	（九）劳改劳教减免	

续表

行次	项目	金额
53	（十）军队企业减免	
54	（十一）金融类减免（55+56+…+59）	
55	其中：1. 农信社	
56	2. 国有独资银行	
57	3. 开放式基金	
58	4. 封闭式基金	
59	5. 其他	
60	（十二）自然灾害减免	
61	（十三）其他减免	
62	三、抵免所得税（63+64）	
63	购买国产设备投资抵免所得税	
64	其他	
65	四、经济特区、上海浦东新区低税率	

经办人（签章）：　　　　　　法定代表人（签章）：

练　习

一、单项选择题

1. 2008年年初A居民企业以实物资产500万元直接投资于B居民企业，取得B企业30%的股权。2009年11月，A企业将持有B企业的股权全部转让，取得收入600万元，转让时B企业在A企业投资期间形成的未分配利润为400万元。关于A企业该项投资业务的说法，正确的是（　　）。

　　A. A企业取得投资转让所得100万元
　　B. A企业应确认投资的股息所得400万元
　　C. A企业应确认的应纳税所得额为－20万元
　　D. A企业投资转让所得应缴纳企业所得税15万元

2. 某外国企业在中国境内外设立经营机构，2009年从中国境内取得特许权使用费收入100万元，并按我国税法规定交纳了营业税5万元。该外国企业应缴纳企业所得税（　　）。

　　A. 0　　　　　　B. 9.50万元　　　　C. 10.00万元　　　　D. 20.00万元

3. 某软件生产企业为居民企业，2008年实际发生的工资支出100万元，职工福利费支出15万元，职工培训费用支出4万元。2008年该企业计算应纳税所得额时，应调增应纳税所得额（　　）。

　　A. 1万元　　　　B. 1.5万元　　　　C. 2万元　　　　D. 2.5万元

4. 2008年某居民企业实现产品销售收入1 200万元，视同销售收入400万元，债务重组收益 100 万元，发生的成本费用总额 1 600 万元，其中业务招待费支出 20 万元。假定不存在其他纳税调整事项，2008 年度该企业应缴纳企业所得税（　　）。

  A. 16.2 万元　　　　B. 16.8 万元　　　　C. 27 万元　　　　D. 28 万元

5. 依据原企业所得税的相关规定，在计算应纳税所得额时，下列各项支出不得从收入总额中扣除的是（　　）。

  A. 外汇借款的汇兑损益　　　　　　B. 按规定支付给总机构的管理费用
  C. 向关联企业的捐赠支出　　　　　　D. 转让各类固定资产发生的费用

6. 依据新企业所得税法的规定，扣缴义务人每次代扣的企业所得税税款，缴入国库的期限是自代扣之日起（　　）。

  A. 3 日内　　　　B. 5 日内　　　　C. 7 日内　　　　D. 10 日内

7. 依据新企业所得税法的规定，企业购买专用设备的投资额可按一定比例实行税额抵免，该设备应符合的条件是（　　）。

  A. 用于创业投资　　　　　　　　　　B. 用于综合利用资源
  C. 用于开发新产品　　　　　　　　　　D. 用于环境保护

二、多项选择题

1. 根据企业所得税相关规定，下列收入中，免税收入有（　　）。

  A. 国债利息
  B. 存款利息
  C. 财政补贴
  D. 财政拨款
  E. 居民企业直接投资于其他居民企业（非上市公司）取得的股息

2. 根据企业所得税相关规定，下列固定资产不得计提折旧在税前扣除的有（　　）。

  A. 未投入使用的机器设备
  B. 以经营租赁方式租入的生产线
  C. 以融资租赁方式租入的机床
  D. 与经营活动无关的小汽车
  E. 已足额提取折旧但仍在使用的旧设备

3. 根据企业所得税相关规定，下列企业取得的境外所得中，已在境外缴纳的企业所得税税款，可以从其当期应纳税额中抵免的有（　　）。

  A. 居民企业来源于中国境外的生产经营的应税所得
  B. 非居民企业取得的与其在境内所设机构、场所有实际联系的境外应税所得
  C. 非居民企业取得的与其在境内所设机构、场所无实际联系的境外应税所得
  D. 居民企业从其直接控制的外国企业分得的股息等权益性投资所得
  E. 非居民企业转让境外房产取得的所得

4. 在中国境内未设立机构、场所的非居民企业从中国境内取得的收入，按全额作为企业所得税应纳税所得额的有（　　）。

  A. 股息收入　　　　B. 特许权使用费收入　　　　C. 租金收入
  D. 财产转让收入　　　　E. 利息收入

5. 企业取得下列各项所得，可以免征企业所得税的有（　　）。

A. 林产品的采集所得 B. 海水养殖、内陆养殖所得
C. 香料作物的种植所得 D. 农作物新品种的选育所得
E. 牲畜家禽的饲养所得

6. 依据企业所得税相关规定,在计算应纳税所得额时不得扣除的有（　　）。
A. 向投资者支付的股息 B. 固定资产转让费用
C. 企业支付的财产保险费 D. 对外投资期间的投资成本

7. 依据新企业所得税法的规定,下列企业属于企业所得税纳税人的有（　　）。
A. 依照中国法律在中国境内成立的私营企业
B. 依照中国法律在中国境内成立的个人独资企业
C. 依照外国法律成立但实际管理机构在中国境内的企业
D. 依照外国法律成立在中国境内设立机构且取得所得的企业
E. 依照外国法律成立未在中国境内设立机构但有来源于中国境内所得的企业

三、计算题

某县一家机械制造企业,2009年实现税前收入总额2 000万元（其中包括产品销售收入1 800万元、购买国库券利息收入100万元）,发生各项成本费用支出共计1 000万元,其中包括实际发生的工资薪金总额200万元、业务招待费100万元、职工福利费50万元、职工教育经费2万元、工会经费10万元、税收滞纳金10万元、提取的各项准备金支出100万元。另外,企业当年购置环境保护专用设备500万元,购置完毕即投入使用。问:这家企业当年应纳的企业所得税额是多少?

第八单元　个人所得税的纳税申报

学习目标
1. 了解个人所得税及其征税对象、税率；
2. 掌握个人所得税的计算及申报和缴纳。

模块一　认识个人所得税

一、个人所得税的含义
个人所得税是对个人（自然人）取得的各项应税所得所征收的一种税。个人所得税是指在中国境内有住所，或者没有住所而在境内居住满1年，以及在中国境内无住所又不居住或者无住所而在境内居住不满1年，但有来源于境内所得的个人。

二、个人所得税的征税对象
个人所得税的征税对象是个人取得的各项所得，具体包括内容如下。

1. 工资、薪金所得

工资、薪金所得，是指个人因任职或者受雇而取得的工资、薪金、奖金、年终加薪、劳动分红、补贴、津贴以及与任职或者受雇有关的其他所得。其中，税法规定，对以下不属于工资、薪金性质的补贴、津贴，不予征税：

（1）独生子女补贴。

（2）执行公务员工资制度未纳入基本工资总额的补贴、津贴差额和家属成员的副食品补贴。

（3）托儿补助费。

（4）差旅费津贴、误餐补助。

2. 个体工商户的生产、经营所得

个体工商户的生产、经营所得是指：

（1）个体工商户从事工业、手工业、建筑业、交通运输业、商业、饮食业、服务业、修理业以及其他行业生产、经营取得的所得。

（2）个人经政府有关部门批准，取得执照，从事办学、医疗、咨询以及其他有偿服务活动取得的所得。

（3）其他个人从事个体工商业生产、经营取得的所得。

（4）个人因从事彩票代销业务而取得的所得，按照"个体工商户的生产、经营所得"项目计征个人所得税。

上述个体工商户和个人取得的与生产、经营有关的各项应纳所得税。

个人独资企业和合伙企业的个人投资者以企业资本为本人、家庭成员及其相关人员支付与企业生产经营无关的消费性支出,以及购买汽车、住房等财产性支出,视为企业对个人投资者的利润分配,并入投资者个人的生产经营所得,依照"个体工商户的生产经营所得"应税项目,计征个人所得税。

3. 对企事业单位的承包经营、承租经营所得

对企事业单位的承包经营、承租经营所得,是指个人承包经营、承租经营以及转包、转租取得的所得,包括个人按月或者按次取得的工资、薪金性质的所得。

4. 劳务报酬所得

劳务报酬所得,是指个人从事设计、装潢、安装、制图、化验、测试、医疗、法律、会计、咨询、讲学、新闻、广播、翻译、审稿、书画、雕刻、影视、录音、演出、表演、广告、展览、技术服务、介绍服务、经纪服务、代办服务以及其他劳务取得的所得。

5. 稿酬所得

稿酬所得,是指个人因其作品以图书、报刊形式出版、发表而取得的所得。

6. 特许权使用费所得

特许权使用费所得,是指个人提供专利权、商标权、著作权、非专利技术以及其他特许权的使用权取得的所得。提供著作使用权取得的所得,不包括报酬所得。

我国目前将个人提供和转让专利权取得的所得也列入特许权使用费所得征收个人所得税。

7. 利息、股息、红利所得

利息、股息、红利所得,是指个人因拥有债权、股权而取得的利息、股息、红利所得。

利息,是指个人拥有债权而取得的利息,包括存款利息、贷款利息和购买各种债券的利息(国债和国家发行的金融债券利息除外)。

股息、红利,是指个人拥有股权而取得的股息、红利。按照一定的比例对每股发给的息金叫股息;公司按股份分配的利润叫红利。

国家规定,对个人的储蓄存款,在1999年10月31日前孳生的利息所得,不征收个人所得税;在1999年11月1日至2007年8月14日之间孳生的利息所得,按照20%的比例税率征收个人所得税,在2007年8月15日至2008年10月8日之间孳生的利息所得,按照5%的比例税率征收个人所得税;在2008年10月9日之后孳生的利息所得,暂免征收个人所得税。储蓄存款利息是指从我国境内的储存机构取得的人民币、外币储蓄存款的利息。

纳税年度内,个人投资者从其投资企业(个人独资企业和合伙企业除外)借款,在该纳税年度终了后既不归还又未用于企业生产经营的,其未归还的借款可视为企业对个人投资者的红利分配,依照"利息、股息、红利所得"项目,计征个人所得税。

8. 财产租赁所得

财产租赁所得,是指个人出租建筑物、土地使用权、机器设备、车船以及其他财产取得的所得。

9. 财产转让所得

财产转让所得,是指个人转让有价证券、股权、建筑物、土地使用权、机器设备、车船以及其他财产取得的所得。鉴于我国证券市场发育尚不成熟,目前对股票转让所得暂不征收个人所得税。

10. 偶然所得

偶然所得，是指个人得奖、中奖、中彩以及其他偶然性质的所得。偶然所得应缴纳的个人所得税税款，一律由发奖单位或发奖机构代扣代缴。

11. 经国务院财政部门确定征税的其他所得

除上述列举的各项个人应税所得外，其他确有征税必要的个人所得，由国务院财政部门确定。个人取得的所得，难以界定应纳税所得项目的，由主管税务机关确定。

三、个人所得税的计税依据

个人所得税的计税依据是应纳税所得额。由于个人所得税的应税项目不同，并且取得某项所得所需费用不同，因此在计算应纳税所得额时，需按不同应税项目分项计算，以某项应税项目的收入额减去税法规定的费用扣除额后的余额为该项的应纳税所得额。

四、个人所得税的税率

1. 工资、薪金所得

工资、薪金所得，适用3%~45%的七级超额累进税率，具体见表8—1。

表8—1 个人所得税税率表
（工资、薪金所得适用）

级数	全月应纳税所得额	税率（%）	速算扣除数（元）
1	不超过1 500元的部分	3	0
2	超过1 500元至4 500元的部分	10	105
3	超过4 500元至9 000元的部分	20	555
4	超过9 000元至35 000元的部分	25	1 005
5	超过35 000元至55 000元的部分	30	2 755
6	超过55 000元至80 000元的部分	35	5 505
7	超过80 000元的部分	45	13 505

2. 个体工商户的生产、经营所得和对企事业单位的承包经营、承租经营所得

个体工商户的生产、经营所得和对企事业单位的承包经营、承租经营所得，适用5%~35%的五级超额累进税率，具体见表8—2。

表8—2 个人所得税税率表
（个体工商户的生产、经营所得和对企事业单位的承包经营、承租经营所得适用）

级数	全年应纳所得额	税率（%）	速算扣除数（元）
1	不超过15 000元的	5	0
2	超过15 000元至30 000元的部分	10	750
3	超过30 000元至60 000元的部分	20	3 750
4	超过60 000元至100 000元的部分	30	9 750
5	超过100 000元的部分	35	14 750

注：本表全年应纳税所得额，对个体工商户的生产、经营所得来说，是指以每一纳税年度的收入总额，减除成本、费用以及损失后的余额；对企事业单位的承包经营、承租经营所得来说，是指以每一纳税年度的收入总额，减除必要费用后的余额。

个人独资企业和合伙企业的生产、经营所得，也适用5%~35%的超额累进税率。

由于目前实行承包、承租经营的形式较多，分配方式也不相同，因此对其征税所使用的税率也不一致。其规定如下：一是承包、承租对企业经营成果不拥有所有权，仅是按照合同（协议）规定取得一定所得的，其所得按工资、薪金所得项目征税，适用3%~45%的七级超额累进税率。二是对承包、承租人按合同（协议）的规定只向发包、出租方缴纳一定的费用后，企业的经营成果归其所有的，对其所得按对企事业单位的承包、承租经营所得项目征税，适用5%~35%的五级超额累进税率。

3. 稿酬所得

稿酬所得，适用比例税率，税率为20%，并按应纳税额减征30%。

4. 劳务报酬所得

劳务报酬所得，适用比例税率，税率为20%。对劳务报酬所得一次收入畸高，是指个人一次性取得劳务报酬，其应纳税所得额超过20 000元。对应纳税所得额超过20 000至50 000元的部分，依照税法规定计算应纳税额后，再按照应纳税额加征五成；超过50 000元的部分，加征十成。因此，劳务报酬所得实际上适用20%~40%的三级超额累进税率，具体税率见表8—3。

表8—3　　　　　　　　　　个人所得税税率表
（劳务报酬所得适用）

级数	每次应纳所得额	税率（%）	速算扣除数（元）
1	不超过20 000元的部分	20	0
2	超过20 000元至50 000元的部分	30	2 000
3	超过50 000元的部分	40	7 000

注：劳务报酬所得按次计算纳税，每次收入额不超过4 000元的，减除800元，收入额超过4 000元的，减除20%的费用，余额为应纳税所得额。

5. 其他所得

特许权适用费所得，利息、股息、红利所得，财产租赁所得，财产转让所得，偶然所得和其他所得，适用比例税率，税率为20%。

6. 个人所得税的优惠政策

下列各项个人所得，免纳个人所得税：

（1）省级人民政府、国务院部委和中国人民解放军军以上单位，以及外国组织、国际组织颁发的科学、教育、技术、文化、卫生、体育和环境保护等方面的奖金。

（2）储蓄存款利息，国债和国家发行的金融债券利息。

（3）按照国家统一规定发给的补贴、津贴。

（4）福利费、抚恤金、救济金。

（5）保险赔偿。

（6）军人的转业费、复原费。

（7）按照国家统一规定发给干部、职工的安家费、退职费、退休工资、离休工资和离休生活补助费。

（8）依照我国有关法律规定应予免税的各国驻华使馆、领事馆的外交代表、领事官员和其他人员的所得。

（9）中国政府参加的国际公约、签订的协议中规定免税的所得。

（10）经国务院财政部门批准免税的所得。

模块二 个人所得税的计算

一、工资、薪金所得的计算

工资、薪金所得应纳税额的计算公式为：

$$应纳税额 = 应纳税所得额 \times 适用税率 - 速算扣除数$$

【例8—1】 某纳税人月薪4 700元，该纳税人不适用附加减除费用的规定，请计算其应缴纳的个人所得税（新税法规定个人所得税起征点为3 500元）。

【解析】 应纳税所得额 = 4 700 - 3 500 = 1 200（元）

应纳税额 = 1 200 × 3% = 36（元）

【例8—2】 在北京某重点大学工作的美国专家（假设其为非居民纳税人），2011年1月份取得由该学校发放的工资收入10 000元人民币。请计算其应缴纳的个人所得税（假设个人所得税起征点为3 000元，附加减除费用为1 000元）。

【解析】 应纳税所得额 = 10 000 - (3 500 + 1 000) = 5 500（元）

应纳税额 = 5 500 × 20% - 555 = 545（元）

二、个体工商户的生产经营所得及个人独资企业和合伙企业的生产经营所得的计算

1. 个体工商户

个体工商户的生产经营所得应纳税额的计算公式为：

应纳税额 = （全年收入总额 - 成本、费用以及损失）× 适用税率 - 速算扣除数

【例8—3】 某个体工商户全年收入总额为50 000元，成本、费用以及损失经税务部门审定为35 000元。请计算该个体工商户应缴纳的个人所得税。

【解析】 应纳税所得额 = 50 000 - 35 000 = 15 000（元）

应纳税额 = 15 000 × 5% = 750（元）

2. 个人独资企业和合伙企业

个人独资企业和合伙企业的生产经营所得，其应纳税额的计算有两种方法：

（1）查账征收法。查账征收法的计算公式为：

应纳税额 = （全年收入总额 - 成本、费用以及损失）× 适用税率 - 速算扣除数

（2）核定征收法。核定征收方式，包括定额征收、核定应税所得率征收以及其他合理的征收方式。

实行核定应税所得率征收方式的，其计算公式为：

应纳税所得额 = 收入总额 × 应税所得率

应纳税所得额 = 成本费用支出/(1 - 应税所得率) × 应税所得率

应纳税额 = 应纳税所得额 × 适用税率 - 速算扣除数

应税所得率的规定见表8—4。

表8—4　　　　　　　　　　　　　应税所得率表

行业	应税所得率（%）
工业、交通运输业、商业	5~20
建筑业、房地产开发业	7~20
饮食服务业	7~25
娱乐业	20~40
其他行业	10~30

三、企事业单位的承包经营、承租经营所得的计算

企事业单位的承包经营、承租经营所得的计算公式为：

应纳税额 =（纳税年度收入总额 - 必要费用）× 适用税率 - 速算扣除数

【例8—4】 2011年1月1日某个人与事业单位签订承包合同经营招待所，据合同协议承包期为一年，该个人全年上缴费用为2 000元，年终招待所实现利润总额45 000元。请计算该个人应缴纳的个人所得税。

【解析】　　　应纳税所得额 = 45 000 - 2 000 = 43 000（元）

　　　　　　　应纳税额 = 43 000 × 20% - 3 750 = 4 850（元）

四、劳务报酬所得的计算

劳务报酬所得应纳税额的计算公式为：

（1）每次收入不足4 000元的：

$$应纳税额 = 应纳税所得额 × 适用税率$$
$$=（每次收入额 - 800）× 20\%$$

（2）每次收入在4 000元以上的：

$$应纳税额 = 应纳税所得额 × 适用税率$$
$$= 每次收入额 ×（1 - 20\%）× 20\%$$

（3）每次收入的应纳税所得额超过20 000元的：

$$应纳税额 = 应纳税所得额 × 适用税率 - 速算扣除数$$
$$= 每次收入额 ×（1 - 20\%）× 适用税率 - 速算扣除数$$

【例8—5】 某画家一次取得绘画收入5 000元，请计算该画家应缴纳的个人所得税。

【解析】　　　应纳税所得额 = 5 000 ×（1 - 20%）= 4 000（元）

　　　　　　　应纳税额 = 4 000 × 20% = 800（元）

【例8—6】 某教授应邀到某地作报告，一次取得报酬3 800元，请计算该教授应缴纳的个人所得税。

【解析】　　　应纳税所得额 = 3 800 - 800 = 3 000（元）

　　　　　　　应纳税额 = 3 000 × 20% = 600（元）

【例8—7】 某歌星一次取得演唱收入80 000元，请计算该歌星应缴纳的个人所得税。

【解析】　方法一：应纳税所得额 = 80 000 ×（1 - 20%）= 64 000（元）

　　　　　　　应纳税额 = 64 000 × 40% - 7 000 = 18 600（元）

　　　　　方法二：应纳税所得额 = 80 000 ×（1 - 20%）= 64 000（元）

应纳税额 = 20 000 × 20% + (50 000 − 20 000) × 20% × (1 + 50%) + (64 000 − 50 000) × 20% × (1 + 100%) = 18 600（元）

五、稿酬所得的计算

稿酬所得应纳税额的计算公式为：

（1）每次收入不足 4 000 元的：

$$应纳税额 = 应纳税所得额 \times 适用税率 \times (1 - 30\%)$$
$$= (每次收入额 - 800) \times 20\% \times (1 - 30\%)$$

（2）每次收入在 4 000 元以上的：

$$应纳税额 = 应纳税所得额 \times 适用税率 \times (1 - 30\%)$$
$$= 每次收入额 \times (1 - 20\%) \times 20\% \times (1 - 30\%)$$

【例 8—8】 某作家一次取得稿酬收入 7 000 元，请计算该作家应缴纳的个人所得税。

【解析】 应纳税所得额 = 7 000 × (1 − 20%) = 5 600（元）

应纳税额 = 5 600 × 20% × (1 − 30%) = 784（元）

六、特许权使用费所得的计算

特许权使用费所得应纳税额的计算公式为：

（1）每次收入不足 4 000 元的：

$$应纳税额 = 应纳税所得额 \times 适用税率$$
$$= (每次收入额 - 800) \times 20\%$$

（2）每次收入在 4 000 元以上的：

$$应纳税额 = 应纳税所得额 \times 适用税率$$
$$= 每次收入额 \times (1 - 20\%) \times 20\%$$

【例 8—9】 王某将其发明取得的专利权转让给了一家企业，共取得 100 000 元。该企业第一次支付 60 000 元，第二次支付 30 000 元，第三次支付 10 000 元。请计算王某应缴纳的个人所得税。

【解析】 应纳税所得额 = (60 000 + 30 000 + 10 000) × (1 − 20%) = 80 000（元）

应纳税额 = 80 000 × 20% = 16 000（元）

七、利息、股息、红利所得的计算

利息、股息、红利所得应纳税额的计算公式为：

$$应纳税额 = 应纳税所得额 \times 适用税率$$
$$= 每次收入额 \times 20\%（或 5\%）$$

【例 8—10】 某储户于 2006 年 11 月 1 日存入银行半年期定期存款 20 000 元，年利率为 4.77%，存款到期日即 2007 年 5 月 1 日把存款全部取出。请计算该储户应缴纳的个人所得税。

【解析】 因为该储户存款时间发生在 1999 年 11 月 1 日至 2007 年 8 月 14 日这一时间段，所以其存款利息所得按 20% 的比例税率征收。

应纳税所得额 = 20 000 × 4.77% ÷ 12 × 6 = 477（元）

应纳税额 = 477 × 20% = 95.4（元）

八、财产租赁所得的计算

财产租赁所得应纳税额的计算公式为：

(1) 每次收入不足 4 000 元的：

$$应纳税额 = 应纳税所得额 \times 适用税率$$
$$= (每次收入额 - 800) \times 20\%$$

(2) 每次收入在 4 000 元以上的：

$$应纳税额 = 应纳税所得额 \times 适用税率$$
$$= 每次收入额 \times (1 - 20\%) \times 20\%$$

【例8—11】 某纳税人2011年3月份租出其房屋，取得租金1 200元。请计算其应缴纳的个人所得税。

【解析】
$$应纳税所得额 = 1 200 - 800 = 400（元）$$
$$应纳税额 = 400 \times 20\% = 80（元）$$

九、财产转让所得的计算

财产转让所得应纳税额的计算公式为：

$$应纳税额 = 应纳税所得额 \times 适用税率$$
$$= (收入总额 - 财产原值 - 合理费用) \times 20\%$$

【例8—12】 某纳税人转让其拥有的房屋一间，收入75 000元，该房屋原值为50 000元，修理费用10 000元。请计算其应缴纳的个人所得税。

【解析】
$$应纳税所得额 = 75 000 - 50 000 - 10 000 = 15 000（元）$$
$$应纳税额 = 15 000 \times 20\% = 3 000（元）$$

十、偶然所得、其他所得的计算

偶然所得、其他所得应纳税额的计算公式为：

$$应纳税额 = 应纳税所得额 \times 适用税率$$
$$= 每次收入额 \times 20\%$$

【例8—13】 刘某在福利彩票抽奖中抽中一等奖，奖品为一辆价值12万元的小汽车，发奖单位要其支付个人所得税后方可领奖。请计算刘某应纳个人所得税税额。

【解析】
$$应纳税所得额 = 12（万元）$$
$$应纳税额 = 12 \times 20\% = 2.4（万元）$$

十一、境外税额扣除

在计算应纳个人所得税税额时，如果纳税人在中国境外有应税所得，为避免重复征税，我国实行限额扣除，即纳税人从中国境外取得的所得，准予其在应纳税额中扣除已在境外缴纳的个人所得税税额，但扣除额不得超过该纳税人境外所得依照我国税法规定计算缴纳的税额。

已在境外缴纳的个人所得税税额，是指纳税人从中国境外取得的所得，依照该所得来源国家或者地区的法律应当缴纳并且实际已经缴纳的税额。

依照税法规定计算的应纳税额，是指纳税人从中国境外取得的所得，区别不同国家或者地区和不同应税项目，依照我国税法规定的费用减除标准和适用税率计算的应纳税额。同一国家或者地区内不同应税项目的应纳税额之和，为该国家或者地区的扣除限额，该限额是我国准许扣除的最高额度。境外个人所得税款扣除限额的计算公式为：

$$境外税款扣除限额 = 境外所得按我国税法规定计算的应纳税所得额 \times 税率$$

纳税人在中国境外一个国家或者地区实际已经缴纳的个人所得税税额，低于依照上述规定计算出的该国家或者地区扣除限额的,应当在中国缴纳其差额部分的税款;超过该国家或者地区扣除限额的,其超过部分不得在本纳税年度的应纳税额中扣除,但是可以在以后的纳税年度的该国家或者地区扣除限额的余额中补扣,补扣期限最长不得超过5年。

【例8—14】 某纳税人从A国取得劳务报酬所得10 000元,取得特许权使用费所得20 000元,该两项所得在A国缴纳个人所得税4 500元,则该纳税人税款扣除限额为:

$$扣除限额 = 10\,000 \times (1 - 20\%) \times 20\% + 20\,000 \times (1 - 20\%) \times 20\% = 4\,800(元)$$

【解析】 纳税人在A国实际已缴纳税款4 500元,低于扣除限额4 800元的标准,可以全额抵扣,因此只需在中国缴纳差额部分的税款,计300元(4 800 - 4 500)。

纳税人依照税法的规定申请扣除已在境外缴纳的个人所得税税额时,应当提供境外税务机关填发的完税凭证原件。

在中国境内有住所,或者无住所而在境外居住满1年的个人,从中国境内和境外取得的所得,应当分别计算应纳税额。

十二、年所得12万元以上纳税人年所得的计算

《个人所得税自行纳税申报办法(试行)》(国税发〔2006〕162号)明确年度收入在12万元以上的纳税人,必须在年度终了后的3个月内自行办理纳税申报。

年所得12万元以上的纳税人,除按照《个人所得税自行纳税申报办法(试行)》第六条、第七条、第八条规定计算年所得以外,还应同时按以下规定计算年所得数额:

(1)劳务报酬所得、特许权使用费所得。不得减除纳税人在提供劳务或让渡特许权使用权过程中的有关税费。

(2)财产租赁所得。不得减除纳税人在出租财产过程中缴纳的有关税费;对于纳税人一次取得跨年度财产租赁所得的,全部视为实际取得所得年度的所得。

(3)个人转让房屋所得。采取核定征收个人所得税的,按照实际征收率(1%、2%、3%)分别换算为应税所得率(5%、10%、15%),据此计算年度所得。

【例8—15】 2011年王某某的工资收入为16万元,当年王某某转让一所住房50万元,由于缺乏完整、准确的房屋原值凭证,当地税务机关按1%的比例核定征收个人所得税。请问王某某是否应该自行纳税申报。

【解析】
$$转让房屋所得 = 50 \times 5\% = 2.5(万元)$$
$$年所得 = 16 + 2.5 = 18.5(万元) > 12(万元)$$

因此,王某某应该自行纳税申报。

(4)个人储蓄存款利息所得、企业债券利息所得,全部视为纳税人实际取得所得年度的所得。

(5)对个体工商户、个人独资企业投资者,按照征收率核定个人所得税的,将征收率换算为应税所得率,据此计算应纳税所得额。

合伙且投资者按照上述方法确定应纳税所得额后,合伙人应根据合伙协议规定的分配比例确定其应纳税所得额,合伙协议未规定分配比例的,按合伙人平均分配确定其应纳税所得额。对于同时参与两个人以上企业投资的,合伙人应将其投资所有企业的应纳税所得额相加后的总额作为年所得。

(6)股票转让所得。以一个纳税年度内个人股票转让所得与损失盈亏相抵后的正数为申报所得数额,盈亏相抵为负数的,此项所得按"零"填写。目前,股票转让所得将纳入

个人所得需要申报,但暂不征收个人所得税。

【例8—16】 张某某在2011年利用业余时间炒股,期间转让股票6次,分别取得收益16万元、3万元、-10万元;张某某当年工资所得8万元,已扣缴税款。请问张某某是否应该自行纳税申报。

【解析】 所得额=8+(16+3-10)=17(万元)>12(万元)

因此,张某某已达到自行纳税申报标准。

此外,对于纳税人一次取得跨年度租金收入的,全部视为实际取得所得年度的所得。

需要说明的是,上述六项所得的计算口径仅仅适用于个人年所得12万元以上的年度自行申报,不适用于个人计算缴纳税款。

模块三 个人所得税的申报与缴纳

个人所得税的纳税方法,有自行申报纳税和代扣代缴两种。

一、自行申报纳税

自行申报纳税,是指由纳税人自行在税法规定的纳税期限内,向税务机关申报取得的应税所得项目和数额,如实填写个人所得税纳税申报表,并按照税法规定计算应纳税额,据此缴纳个人所得税的一种方法。

1. 自行申报纳税的纳税义务人

(1)年所得在12万元以上的。

(2)从中国境内两处或两处以上取得工资、薪金所得的。

(3)取得应纳税所得,没有扣缴义务人的。

(4)分笔取得属于一次劳务报酬所得、稿酬所得、特许权使用费所得和财产租赁所得的。

(5)取得应纳税所得,扣缴义务人未按规定扣缴税款的。

(6)从中国境外取得所得的。

(7)税收主管部门规定必须自行申报纳税的。

2. 自行申报纳税的纳税期限

除特殊情况外,纳税人应在取得应纳税所得的次月7日内向主管税务机关申报所得并缴纳税款。

账册健全的个体工商户的生产、经营所得应纳的税款,按年计算,分月预缴,由纳税义务人在次月7日内预缴,年度终了后3个月内汇算清缴,多退少补。账册不健全的个体工商户的生产、经营所得应纳的税款,由各地税务机关依据有关规定,自行确定征收方式。

对企事业单位的承包经营、承租经营所得应纳的税款,按年计算,在年终一次性取得承包经营、承租经营所得的纳税义务人,自取得收入之日起30日内缴入国库,并向税务机关报送纳税申报表。纳税义务人在一年内分次取得承包经营、承租经营所得的,应当在取得每次所得后的7日内预缴,年度终了后3个月内汇算清缴,多退少补。

从中国境外取得所得的纳税义务人,其来源于中国境外的应纳税所得,如在境外以纳税年度计算缴纳个人所得税,应在所得来源国的纳税年度终了、结清税款后的30日内,向中国主管税务机关申报纳税;如在取得境外所得时结清税款的,或者在境外按所得来源国税法规定免予缴纳个人所得税的,应在次年1月1日起30日内向中国主管税务机关申报纳税。

个人独资企业和合伙企业投资者应纳的个人所得税税款,按年计算,分月或者分季预缴,由投资者在每月或者每季度终了后7日内预缴,年度终了后3个月内汇算清缴,多退少补。

3. 自行申报纳税的纳税地点

自行申报纳税的纳税地点一般为收入来源地的主管税务机关。纳税人从两处或两处以上取得工资、薪金所得的,可选择并固定在其中一地税务机关申报纳税;从境外取得所得的,应向境内户籍所在地或经常居住地税务机关申报纳税。

个人独资企业和合伙投资者,应向企业实际经营管理所在地主管税务机关申报缴纳个人所得税。投资者从合伙企业取得的生产经营所得,由合伙企业向企业实际经营管理所在地主管税务机关申报缴纳投资者应纳的个人所得税,并将个人所得税申报表抄送投资者。

4. 申报纳税表

纳税人必须按照税法规定的期限纳税申报,办理纳税申报时应如实填写个人纳税申报表,见表8—5和表8—6。

表8—5　　　　　　　　　　个人所得税月份申报表

填表日期:　年　月　日

纳税日期:自　年　月　日至　年　月　日

纳税人编码:□□□□□□□□□□□□□　　　　　　　　　金额单位:人民币元

纳税人姓名:		国籍:		抵华日期:							
在中国境内住址:											
在中国境内通信地址(如非上述地址):			邮编:			电话:					
职业:		服务单位:				服务地点:					
所得项目	税款所属期	收入额					减费用额	应纳税所得额	税率	速算扣除数	应纳税额	已扣税款	应补(退)税款
		人民币	外币			人民币合计							
			货币名称	金额	外汇牌价	折合人民币								

续表

授权代理人	（如果你已委托代理申报人，请填写下列资料）为代理一切税务事宜，授权_____（地址）_____为本人代理申报人，任何与本申报表有关的往来文件都可寄予此人。授权人签字：	声明	我声明：此纳税申报表是根据《中华人民共和国个人所得税法》的规定填报的，我确信它是真实的、可靠的、完整的。声明人签字：
纳税人（签字或盖章）：		代理申报人（签字）：	
以下由税务机关填写			
收到申报表日期		接收人	

表 8—6　　　　　　　　　　个人所得税年度申报表

纳税日期：自　年　月　日至　年　月　日　　　　填表日期：　年　月　日

纳税人编码：□□□□□□□□□□□□□　　　　金额单位：人民币元

纳税人姓名：		国籍：		抵华日期：	
在中国境内住址：					
在中国境内通信地址（如非上述住址）：		邮编：		电话：	
职业：		服务单位：		服务地点：	

中国境内所得已纳税额						中国境外所得应纳税额							
所得项目	应纳税项目	取得收入起始日期一致的收入终止日期	取得收入日期	应纳税所得额	已纳税所得额	自缴或扣缴	所得项目	应纳税项目	收入额	减除费用额	应纳税所得额	税率	速算扣除数	应纳税额	境外已缴税额

授权代理人	（如果你已委托代理申报人，请填写下列资料）为代理一切税务事宜，授权_____（地址）_____为本人代理申报人，任何与本申报表有关的往来文件都可寄予此人。授权人签字：	声明	我声明：此纳税申报表是根据《中华人民共和国个人所得税法》的规定填报的，我确信它是真实的、可靠的、完整的。声明人签字：
纳税人（签字或盖章）：		代理申报人（签字）：	
以下由税务机关填写			
收到申报表日期		接收人	

二、代扣代缴

代扣代缴,是指按税法规定负有扣缴税款义务的单位或者个人,在向个人支付应纳税所得时应计算应纳税额,从其所得中扣除并缴入国库,同时向税务机关报送扣缴个人所得税报告表。

凡支付个人应纳税所得的单位或者个人为扣缴义务人,扣缴义务人向个人支付应纳税所得时,不论纳税人是否属于本单位人员,均应代扣代缴其应纳的个人所得税税款。扣缴义务人每月所扣的税款应当在次月7日内缴入国库,并向主管税务机关报送"扣缴个人所得税报告表"、代扣代缴税款凭证和包括每一纳税人姓名、单位、职务、收入、税款等内容的支付个人收入明细表以及税务机关要求报送的其他有关资料。

扣缴义务人违反上述规定不报送或者报送虚假纳税资料的,一经查实,其未在支付收入明细表反映的向个人支付的款项,在计算扣缴义务人应纳税所得额时不得作为成本费用扣除。

扣缴义务人因有特殊困难不能按期报送"扣缴个人所得税报告表"及其他有关资料的,经县级税务机关批准,可以延期申报。

三、填制个人所得税纳税申报表的方法

个人所得税申报表主要设置七类九种表格,其中,较为常用的为以下七种。

个人所得税月份申报表、个人所得税年度申报表、扣缴个人所得税报告表、个人独资企业和合伙企业投资者个人所得税申报表、特定行业个人所得税月份申报表、特定行业个人所得税年度申报表、个体工商户所得税年度申报表。

1. 个人所得税月份申报表

表8—5适用于自行申报纳税的个人办理纳税申报手续,除特定行业个人的工资薪金所得、个体工商户生产经营所得和个人承包、承租经营所得外,其他应税项目均适用该表。具体如何填写,如下所述。

(1)所得项目填写具体税目,如工资薪金所得、劳务报酬所得等。

(2)应纳税所得额,如纳税义务人个人负担税款为含税收入减除税前扣除费用后的余额,若由公司负担税款,应按下列公式将不含税收入换算成应税所得。

其一,适用累进税率的所得项目为:

$$应纳税所得额 =(不含税收入额 - 费用扣除标准 - 速算扣除数)/(1 - 税率)$$

其二,适用比例税率的所得项目为:

$$应纳税所得额 =(不含税收入额 - 费用扣除标准)/(1 - 税率)$$

对于不减除费用的所得项目,其

$$应纳税所得额 = 不含税收入额/(1 - 税率)$$

(3)应纳税额分别按适用累进税率或比例税率计算。

$$应纳税额 = 应纳税所得额 \times 适用税率 - 速算扣除数$$

$$应纳税额 = 应纳税所得额 \times 适用税率$$

(4)已扣缴税款,如果纳税义务人的所得项目已由支付人扣缴税款,填写实际已缴纳的税款。

(5)应补退税款为本月应缴税额与已扣缴税款的差额。

个人所得税月份申报表见表8—5。

2. 个人所得税年度申报表

表8—6适用于在中国境内有住所，或者无住所而在境内居住满1年的纳税人，于年度终了后30日内向主管税务机关报送，各栏目内容按所得项目分别进行汇总填报。

（1）"中国境内所得已纳税额"填报要求与月份纳税申报表相同，仅要求说明是自行申报还是代扣代缴。

（2）"中国境外所得应纳税额"反映中国境外所得全年纳税情况的汇总。其中，①"收入额"填写本年度内中国境外取得的全部收入额；②"应纳税所得额"是指境外所得按我国税法规定应缴纳的个人所得税税额；③抵免外国税额是指将抵免限额与纳税人实际缴纳的税款相比，如果境外已缴税款小于抵免限额，可全额从本年应纳税额中抵扣；如果境外已缴税款大于抵免限额可按限额抵免，超出部分为在中国境内补缴的税款。

（3）将中国境内所得和境外所得应纳、已纳和抵免款汇总计算并填表后，可在规定的期限内办理全年税款多退少补手续。

3. 扣缴个人所得税报告表

表8—7由扣缴义务人申报扣缴所得税时填报。其中：

（1）"所得项目"，按纳税人分税目填报。

（2）"所得期间"，为扣缴义务人支付该项所得的时间。

（3）"扣缴所得税额"，填写本期实际扣缴的所得税额。

根据相关的资料填报扣缴个人所得税报告表见表8—7。

表8—7　　　　　　　　　　扣缴个人所得税报告表

填表日期：　年　月　日　　　　　　　　　　　　　　　金额单位：元（列至角分）

扣缴义务人编码	□□□□□□□□□□□□□□□						名称						
地址							电话			邮编			

纳税人姓名	纳税人编码	工作单位及地址	所得项目	所得期间	收入额				减除费用额	应纳税所得额	税率	速算扣除数	扣缴所得税额	完税证字号	纳税日期
					人民币	外币									
						货币名称	金额	外汇牌价	折合人民币	人民币合计					

续表

扣缴义务人声明	代扣代缴凭证
	我声明,此扣缴申报表是根据《中华人民共和国个人所得税法》的规定填报的,我确信它是真实的、可靠的、完整的。 声明人签字:
会计主管签字: 负责人签字: 扣缴单位(或个人)签章:	
以下由税务机关填写	
收到申报表日期	接收人

4. 个人独资企业和合伙企业投资者个人所得税申报表

表8—8和表8—9适合个人独资企业的投资者和合伙企业的合伙人申报个人所得税时使用。

表8—8 个人独资企业和合伙企业投资者个人所得税申报表

纳税人编码: 申报日期: 年 月 日至 年 月 日 金额单位:元(列至角分)

投资者姓名		投资者身份证号码			
企业名称		企业税务登记证号		企业电话	
企业地址		行业类型		企业银行账号	
项目		行次	本期数	累计数	补充材料
一、收入总额		1			
减:成本		2			
费用		3			
营业外支出		4			
二、企业利润总额		5			1. 年平均职工人数 _____ 人 2. 工资总额 _____ 元 3. 从其他企业取得的生产经营所得 (1)(分配比例%) (2)(分配比例%) (3)(分配比例%) (4)(分配比例%)
三、纳税调整增加额		6			
1. 超过规定标准扣除的项目		7			
(1)从业人员工资支出		8			
(2)职工福利费		9			
(3)职工教育经费		10			
(4)工会经费		11			
(5)利息支出		12			
(6)广告费		13			

续表

项目	行次	本期数	累计数	补充材料
（7）业务招待费	14			
（8）教育和公益事业捐赠	15			
（9）提取折旧费	16			
（10）无形资产摊销	17			
（11）其他	18			
2. 不允许扣除的项目	19			
（1）资本性支出	20			
（2）无形资产受让、开发支出	21			
（3）违法经营罚款和被没收财物损失	22			
（4）税收滞纳金、罚金、罚款	23			填表人签字：
（5）灾害事故损失赔偿	24			——————
（6）非教育和公益事业捐赠	25			纳税人签字：
（7）各种赞助支出	26			——————
（8）计提的各种准备金	27			（本栏目由税务机关填写） 收到日期：
（9）投资者的工资	28			接收人： 审核日期：
（10）与收入无关的支出	29			审核记录：
3. 应税收益项目	30			主管税务机关签章 年 月 日
（1）少计应税收益	31			主管税务官员签字：
（2）未计应税收益	32			
四、纳税调整减少额	33			
1. 弥补亏损	34			
2. 国库券利息收入	35			
3. 投资者标准费用扣除额	36			
4. 其他	37			
五、经纳税调整后的经营生产所得	38			
六、应纳税所得额（分配比例 %）	39			

续表

项目	行次	本期数	累计数	补充材料
七、适用税率	40			
八、应纳所得税额	41			
减：减、免所得税额	42			
九、应缴入库所得税额	43			
加：期初未缴所得税额	44			
减：实际已缴纳所得税额	45			
十、期末应补（退）所得税额	46			

表8—9　　　　合伙企业投资者个人所得税汇总申报表

纳税人编码：　　　申报日期：　　年　月　日至　　年　月　日　　　金额单位：元（列至角分）

投资者姓名			投资者身份证号码		
投资者经常居住地地址			投资者电话		
项目	行次	数额	补充资料		
一、应汇总申报的应纳税所得额	1		纳税人或代理人声明： 此纳税申报表是根据国家税收法律的规定填报的，我确信它是真实的、可靠的、完整的。		
1.	2				
2.	3				
3.	4		填表人签字：＿＿＿＿＿		
4.	5		纳税人签字：＿＿＿＿＿		
5.	6				
6.	7		（本栏目由税务机关填写） 收到日期： 接受人： 审核日期： 审核记录： 主管税务机关签章 　　　　　　　　年　月　日 主管税务官员签字：		
二、适用税率	8				
三、应纳所得税额	9				
减：减、免所得税额	10				
四、应缴入库所得税额	11				
加：期初未缴所得税额	12				
减：实际已缴纳所得税额	13				
五、期末应补（退）所得税额	14				

5. 年所得在12万元以上个人自行纳税申报表

适用于年所得12万元以上的纳税人自行申报，见表8—10。

表8—10

个人所得税纳税申报表

(适用于年所得12万元以上的纳税人申报)

所属年份：　　　年　　　填表日期：　　　年　　　月　　　日　　　金额单位：元（列至角分）

纳税人姓名		国籍（地区）		身份证照类型		身份证照号码			
任职、受雇单位		任职受雇单位税务代码		任职受雇单位所属行业		职务		职业	
在华天数		境内有效联系地址				境内有效联系地址邮编		联系电话	
此行由取得经营所得的纳税人填写	经营单位纳税人识别号					经营单位纳税人名称			

所得项目	年所得额			应纳税所得额	应纳税额	已缴（扣）税额	抵扣税额	减免税额	应补税额	应退税额	备注
	境内	境外	合计								
1. 工资、薪金所得	0.00	0.00	0.00						0.00	0.00	
2. 个体工商户的生产、经营所得			0.00						0.00	0.00	
3. 对企事业单位的承包经营、承租经营所得			0.00						0.00	0.00	
4. 劳务报酬所得			0.00						0.00	0.00	
5. 稿酬所得			0.00						0.00	0.00	
6. 特许权使用费所得			0.00						0.00	0.00	
7. 利息、股息、红利所得			0.00						0.00	0.00	
8. 财产租赁所得			0.00						0.00	0.00	
9. 财产转让所得			0.00		—	—	—	—	0.00	0.00	
其中：股票转让所得			0.00						0.00	—	
个体房屋转让所得			0.00						0.00	0.00	
10. 偶然所得			0.00						0.00	0.00	
11. 其他所得			0.00						0.00	0.00	
合　计	0.00	0.00	0.00	0.00	0.00	0.00	0.00	0.00	0.00	0.00	

续表

纳税人（签字）：	
代理人（签章）：	

我声明，此纳税申报表是根据《中华人民共和国个人所得税法》的规定填报的，我确信它是真实的、可靠的、完整的。

税务机关受理人（签字）： 税务机关受理时间： 受理申报税务机关名称（盖章）：

联系电话：

填表须知：（请自行修改）

一、本表根据《中华人民共和国个人所得税法》及其实施条例和《个人所得税自行纳税申报办法（试行）》制定，适用于年所得12万元以上的纳税人的年度自行申报。

二、负有纳税义务的个人，可以由本人或者委托他人于纳税年度终了后3个月以内向主管税务机关报送本表。不能按照规定期限报送本表的，应当在规定的报送期限内提出申请，经当地税务机关批准，可以适当延期。

三、填写本表应当使用中文。

四、本表各栏目的填写说明如下：

1. 所得年份和填表日期

申报所得年份：填写纳税人实际取得所得的年度；

填表日期：填写纳税人办理纳税申报的实际日期。

2. 身份证照类型

填写纳税人的有效身份证证件（身份证、护照、回乡证、军人身份证件等）名称。

在中国境内无住所的纳税人，如果有外籍人员编码的，填写"外籍人员编码"；如果没有的，则填写"护照"。

3. 身份证照号码

填写中国居民纳税人所有效身份证件上的号码。

填写中国境内无住所的纳税人，根据所填写的身份证照类型，填写相应的号码。即，有外籍人员编码的，填写后税务机关授予的18位外籍人员纳税人编码；没有外籍人员纳税人编码而采用护照的，则填写护照号码。

4. 任职、受雇单位

填写纳税人的任职、受雇单位名称。纳税人有多个任职、受雇单位时，填写受理申报的税务机关主管的任职、受雇单位。

5. 任职、受雇单位税务代码：

填写任职、受雇单位在税务机关办理税务登记或者扣缴登记的编码。

6. 任职、受雇单位所属行业：

填写受理申报的任职、受雇单位所属行业。其中，行业应按国民经济行业分类标准填写，一般填至大类。

7. 职务：

填写纳税人在受理申报单位所担任的职务。

8. 职业：
填写纳税人的主要职业。

9. 在华天数：
由中国境内无住所的纳税人填写在税款所属期内在华实际停留的总天数。

10. 中国境内有效联系地址：
填写纳税人的住址或者有效联系地址。其中，中国有住所的纳税人应填写其经常居住地。中国境内无住所的纳税人应填写在公寓、宾馆、饭店经常居住地，经常居住地，是指纳税人离开户籍所在地最后连续居住一年以上的地方。

店名称和房间号码，经营居住地，是指纳税人离开户籍所在地最后连续居住一年以上的地方。

11. 经营单位纳税人名称：
纳税人取得的年所得中含个体工商户的生产、经营所得和对企事业单位的承包经营、承租经营所得时填写本栏。

纳税人识别码：填写个体工商户税务登记证号码。
纳税人名称：填写个体工商户、个人独资企业、合伙企业名称，或者承包承租经营的企事业单位名称。

12. 年所得额：
填写在纳税年度内取得相应所得项目的收入总额。年所得额按《个人所得税自行纳税申报办法》的规定计算。
各项所得的计算，以人民币为单位。所得为非人民币的，按照国家税务管理机关规定的外汇牌价（基价）折合成人民币计算。

13. 应纳税所得额：
填写按照个人所得税有关规定计算的应当缴纳个人所得税的所得额。

14. 已缴（扣）税额：
填写当期取得该项目所得在中国境内已经缴纳或者扣缴义务人已经扣缴的税款。

15. 抵扣税额：
填写个人所得税法允许抵扣的在中国境外已经缴纳的个人所得税税额。

16. 减免税额：
填写个人所得税法允许减征或免征的个人所得税税额。

17. 本表为A4纸横式。一式两联，第一联报税务机关，第二联纳税人留存。

练 习

一、单项选择题

1. 某个人独资企业 2012 年经营收入 48 万元，应税所得率为 35%，则全年应纳所得税为（ ）。
   A. 4 800 元　　　B. 9 600 元　　　C. 10 150 元　　　D. 153 250 元

2. 对于地市级政府颁发的科学、教育、技术、文化、卫生、体育和环境保护等方面的奖金，应（ ）。
   A. 免征个人所得税　　　　　　B. 征收个人所得税
   C. 减半征收个人所得税　　　　D. 实行优惠政策

3. 根据税法规定，个人转让自用达（ ）以上，并且是家庭唯一居住用房所取得的所得，暂免征收个人所得税。
   A. 一年　　　B. 三年　　　C. 五年　　　D. 十年

4. 下列所得中一次收入畸高，可实行加成征收的是（ ）。
   A. 稿酬所得　　　　　　　　　B. 利息、股息、红利所得
   C. 劳务报酬所得　　　　　　　D. 偶然所得

5. 税法规定，自行申报缴纳个人所得税的纳税人，当其在中国境内两处或两处以上取得应纳税所得额时，其纳税地点的选择应是（ ）。
   A. 收入来源地　　　　　　　　B. 选择其中一地
   C. 税务局指定地　　　　　　　D. 个人户籍所在地

6. 个体户进行公益救济性捐赠时，捐赠额不得超过其应纳税所得额的（ ）。
   A. 3%　　　B. 10%　　　C. 15%　　　D. 30%

二、多项选择题

1. 采用按次征税的所得项目有（ ）。
   A. 工资、薪金所得　　　　　　B. 劳务报酬所得
   C. 财产租赁所得　　　　　　　D. 其他所得

2. 在确定个人应纳税所得额时，可以采用比例扣除 20% 费用的所得项目有（ ）。
   A. 在 4 000 元以上的特许权使用费所得
   B. 在 4 000 元以上的财产转让所得
   C. 在 4 000 元以上的劳务报酬所得
   D. 在 4 000 元以上的稿酬所得

3. 下列各项所得在计算应纳税所得额时不允许扣减任何费用的有（ ）。
   A. 偶然所得　　　　　　　　　B. 特许权使用费所得
   C. 利息、股息所得　　　　　　D. 财产租赁所得

4. 以下各项所得适用累进税率形式的有（ ）。
   A. 工资、薪金所得　　　　　　B. 个体工商户生产经营所得
   C. 财产转让所得　　　　　　　D. 承包、承租经营所得

5. 在计算缴纳个人所得税时，个人通过非营利性的社会团体和国家机关进行的公益性

捐赠,准予在应纳税所得额中全额扣除的有( )。
   A. 向红十字事业捐赠   B. 向农村义务教育捐赠
   C. 向中国绿化基金会捐赠   D. 公益性青少年活动场所

6. 下列项目中,免征、减征、不征个人所得税的有( )。
   A. 职工个人以股份形式取得拥有所有权的企业量化资产
   B. 军烈属所得
   C. 商业保险到期返还款
   D. 商业保险赔款

7. 个人所得税纳税人对企事业单位的承包、承租经营所得包括( )。
   A. 个人承包、承租经营所得
   B. 投资的股息所得
   C. 个人按月取得的工资、薪金性质的所得
   D. 个人转包、转租取得的所得

8. 个人所得税纳税人区分为居民纳税义务人和非居民纳税义务人,依据标准有( )。
   A. 境内有无住所   B. 境内工作时间
   C. 取得收入的工作地   D. 境内居住时间

9. 下列各项中,可暂免征收个人所得税的有( )。
   A. 外籍个人按合理标准取得的出差补贴
   B. 残疾人从事个体工商业生产、经营取得的收入
   C. 个人举报违法行为而获得的奖金
   D. 外籍个人从外商投资企业取得的股息、红利

三、实务题

1. 某中国公民2011年和2012年境内年工资均为60 000元。其2011年来自甲国的特许权使用费收入8 000元,劳务报酬收入15 000元,分别按该国税法缴纳个人所得税900元、3 600元;同时来自乙国的特许权使用费收入5 800元,已按该国税法缴纳个人所得税720元。2012年来自甲国的财产出租10个月所得共25 000元,已按该国税法缴纳个人所得税3 000元。分别计算其2011年、2012年应缴纳的个人所得税。

2. 中国公民李某为一外商投资企业的高级职员,2011年其收入情况如下:
   (1) 雇用单位每月支付工资、薪金15 000元。
   (2) 派遣单位每月支付工资、薪金2 000元。
   (3) 取得股票转让收益100 000元。
   (4) 从A国取得特许权使用费收入折合人民币18 000元,并提供了来源国纳税凭证,纳税折合人民币1 800元。
   (5) 购物中奖获得奖金20 000元。
   (6) 受托为某单位作工程设计,历时3个月,共取得工程设计费40 000元。
   请正确计算李某全年应该缴纳的个人所得税额。

第九单元　其他税的纳税申报

学习目标
1. 了解其他税是指哪些税，它们各有什么内容，如何计算；
2. 掌握其他税种每种税的纳税申报。

模块一　土地增值税的申报及缴纳

一、土地增值税的含义

土地增值税是指对我国境内转让国有土地使用权、地上的建筑物及其附着物（以下简称"转让房地产"）并取得收入的单位和个人，就其转让房地产所取得的增值税额征收的一种税。其中，"国有土地"是指按国家法律规定属于国家所有的土地；"地上的建筑物"是指建于土地上的一切建筑物，包括地上地下的各种附属设施；"附着物"是指附着于地上的不能移动、一经移动即遭损坏的物品，如种植物、养殖物等。

土地增值税是对有偿转让房地产的行为征税，也就是说，有转让房地产的行为并且达到一定比例的增值额才需要纳税。房屋的赠与和继承行为不需要缴纳土地增值税。

二、土地增值税的计税依据

土地增值税以纳税人转让房地产所取得的增值额为计税依据。增值额的确定采用扣除法或余额法，即纳税人转让房地产所取得的收入减除规定扣除项目金额后的余额，为增值额。用公式表示为：

$$增值额 = 转让房地产所取得的收入 - 规定扣除项目金额$$

1. 转让房地产所取得的收入

纳税人转让房地产所取得的收入包括货币收入、实物收入和其他收入。

2. 规定扣除项目

（1）取得土地使用权所支付的金额。取得土地使用权所支付的金额是指纳税人为取得土地使用权所支付的地价款和按国家统一规定缴纳的有关费用。

（2）房地产开发成本。房地产开发成本，是指纳税人房地产开发项目实际发生的成本，包括土地征用及拆迁补偿费、前期工程费、建筑安装工程费、基础设施费、公共配套设施费和间接开发费用。

土地征用及拆迁补偿费，包括土地征用费、耕地占用费、劳动力安置费及有关地上地下附着物拆迁补偿的净支出、安置动迁用房支出等。

前期工程费，包括规划、设计、项目可行性研究和水文、地质、勘探、测绘、"三通一平"（水通、电通、路通和场地平整）等支出。

建筑安装工程费，是指以出包方式支付给承包单位的建筑安装工程费，以自营方式发生的建筑安装工程费。

基础设施费,包括开发小区道路、供水、供电、供气、排污、排洪、通信、照明、环卫和绿化等工程产生的支出。

公共配套设施费,包括不能有偿转让的开发小区内配套公共设施产生的支出。

间接开发费用,是指直接组织、管理开发项目产生的费用,包括工资、职工福利费、折旧费、办公费、修理费、水电费、劳动保护费和周转房摊销等。

(3) 房地产开发费用。房地产开发费用是指与房地产开发项目有关的销售费用、管理费用和财务费用。

财务费用中的利息支出,凡能够按转让房地产项目计算分摊并提供金融机构证明的,允许据实扣除,但最高不能超过按商业银行同类同期贷款利率计算的金额。其他房地产开发费用,按上述(1)、(2)项规定计算的金额之和的5%以内计算扣除。

凡不能按转让房地产项目计算分摊利息支出或不能提供金融机构证明的,房地产开发费用按上述(1)、(2)项规定计算的金额之和的10%以内计算扣除。上述计算扣除的具体比例,由各省、自治区、直辖市人民政府规定。

(4) 旧房及建筑物的评估价格。旧房及建筑物的评估价格是指在转让已使用的房屋及建筑物时,由政府批准设立的房地产评估机构评定的重置成本价乘以成新度折旧率后的价格。评估价格需经当地税务机关确认。

重置成本价,是指按现价建造同样的房屋及建筑物所需花费的成本费用;成新度折旧率是指按旧房的新旧程度作一定比例的折扣。例如,有一房屋建于20世纪80年代,造价60万元,按现价计算建造同样的房屋需要花费200万元,该房屋七成新,则该房屋的评估价格为140万元(200×70%)。

(5) 与转让房地产有关的税金。与转让房地产有关的税金,是指在转让房地产时缴纳的营业税、城市维护建设税和印花税。因转让房地产缴纳的教育费附加,也可视同税金予以扣除。房地产开发企业按照有关规定,其转让房地产缴纳的印花税因列入管理费用中,故在此不允许再单独扣除。其他纳税人的印花税(按产权转移数据所载金额的0.5‰贴花)允许在此扣除。

(6) 财政部规定的其他扣除项目。财政部规定的其他扣除项目是指对从事房地产开发的纳税人可按上述(1)、(2)项规定计算的金额之和,加计20%的扣除。此条优惠只适用从事房地产开发的纳税人,其他纳税人均不适用。

另外,纳税人成片受让土地使用权后,分期分批开发、转让房地产的,其扣除项目金额的确定,可按转让土地使用权的面积占总面积的比例计算分摊,或按建筑面积计算分摊,也可按税务机关确认的其他方式计算分摊。

三、土地增值税的税率

土地增值税实行四级超率累进税率。

增值额未超过扣除项目金额50%的部分,税率为30%。

增值额超过扣除项目金额50%、未超过扣除项目金额100%的部分,税率为40%。

增值额超过扣除项目金额100%、未超过扣除项目金额200%的部分,税率为50%。

增值额超过扣除项目金额200%的部分,税率为60%。

上述四级超率累进税率,每级"增值额未超过扣除项目金额"的比例,均包括本比例数。

四、土地增值税的计算

土地增值税按照纳税人转让房地产所取得的增值额和规定的税率计算征收。用公式表示为:

$$应纳土地增值税 = 增值额 \times 税率$$

由于土地增值税的税率是按照转让房地产增值额占扣除项目金额的比例,即增值比例(出超率)的大小分档设计的,因此,在计算土地增值税应纳税额时,要先求出增值比例,以确定适用于哪几档税率,再求增值额,其计算公式为:

$$增值比例 = \frac{增值额}{扣除项目金额} \times 100\%$$

$$增值额 = 扣除项目金额 \times 增值比例$$

然后可用以下两种方法计算其应纳税额。

1. 定义法

定义法是逐级计算应税增值额及其应纳税额,然后相加,其和即为纳税人应纳的土地增值税税额。其计算公式为:

$$应纳税额 = \sum(每级距的土地增值额 \times 适用税率)$$

2. 速算法

速算法是事先计算出各级的速算扣除率,用增值额乘以适用的税率减去扣除项目金额乘以速算扣除率来计算应纳税额。其计算公式为:

$$应纳税额 = 增值额 \times 相应级次的税率 - 扣除项目金额 \times 相应级次的速算扣除率$$

其中,速算扣除率的计算公式为:

$$本级速算扣除率 = 本级土地增值额占扣除项目金额百分比的下限 \times$$
$$(本级适用税率 - 上一级适用税率) + 上一级速算扣除率$$

按此公式计算出各级速算扣除率见表9—1。

表9—1　　　　　　　　　　土地增值税速算扣除率

级次	增值额占扣除项目金额的百分比	税率	速算扣除率
1	50%以下的部分	30%	0
2	超过50%,未超过100%的部分	40%	5%
3	超过100%,未超过200%的部分	50%	15%
4	超过200%的部分	60%	35%

【例9—1】 某纳税人转让房地产所取得的收入为160万元,其扣除项目金额为50万元,请计算其应缴纳的土地增值税税额。

【解析】 方法一:

第一步,先计算增值额。

$$增值额 = 160 - 50 = 110（万元）$$

第二步,再计算增值比例。

$$增值比例 = \frac{110}{50} \times 100\% = 220\%$$

由此可见，增值额超过扣除项目金额200%，分别适用30%、40%、50%和60%四档税率。

第三步，分别计算各级次土地增值税税额。

（1）增值额未超过扣除项目金额50%的部分，适用30%的税率。

$$这部分增值额 = 50 \times 50\% = 25（万元）$$

$$这部分增值额应纳的土地增值税税额 = 25 \times 30\% = 7.5（万元）$$

（2）增值额超过扣除项目金额50%、未超过扣除项目金额100%的部分，适用40%的税率。

$$这部分增值额 = 50 \times (100\% - 50\%) = 25（万元）$$

$$这部分增值额应纳的土地增值税税额 = 25 \times 40\% = 10（万元）$$

（3）增值额超过扣除项目金额100%、未超过扣除项目金额200%的部分，适用50%的税率。

$$这部分增值额 = 50 \times (200\% - 100\%) = 50（万元）$$

$$这部分增值额应纳的土地增值税税额 = 50 \times 50\% = 25（万元）$$

（4）增值额超过扣除项目金额200%的部分，适用60%的税率。

$$这部分增值额 = 110 - (25 + 25 + 50) = 10（万元）$$

$$这部分增值额应纳的土地增值税税额 = 10 \times 60\% = 6（万元）$$

第四步，将各级税额相加，得出总税额。

$$应纳税额 = 7.5 + 10 + 25 + 6 = 48.5（万元）$$

方法二：

第一步，先计算增值额。

$$增值额 = 160 - 50 = 110（万元）$$

第二步，再计算增值比例。

$$增值比例 = \frac{110}{50} \times 100\% = 220\%$$

由此可见，增值额超过扣除项目金额200%，适用第四级次，其计算公式为：

$$应纳税额 = 增值额 \times 60\% - 扣除项目金额 \times 35\%$$

第三步，计算土地增值税税额。

$$应纳税额 = 110 \times 60\% - 50 \times 35\% = 48.5（万元）$$

土地增值税以人民币为计算单位。转让房地产所取得的收入为外国货币的，以取得收入当天或当月1日国家公布的市场汇价折合成人民币，据以计算应纳土地增值税税额。

五、土地增值税的减免

土地增值税的减免税优惠具体分为以下四种情况。

（1）纳税人建造普通标准住宅出售，增值额未超过扣除项目金额20%的，免征土地增值税。

（2）因国家建设需要依法征用、收回的房地产，免征土地增值税。

（3）个人因工作调动或改善居住条件而转让原自用住房，经向税务机关申报核准，凡居住满5年或5年以上的，免予征收土地增值税；居住满3年未满5年的，减半征收土地增值税；居住未满3年的，按规定计征土地增值税。

（4）对1994年1月1日以前已签订的房地产转让合同，不论其房地产在何时转让，均免征土地增值税；对1994年1月1日以前已签订房地产开发合同或已立项、并已按规定投入资金进行开发，其在1994年1月1日以后5年内首次转让房地产的，免征土地增值税。

六、土地增值税的纳税申报

1. 土地增值税申报程序

纳税人应当自转让房地产合同签订之日起7日内向房地产所在地主管税务机关办理纳税申报，并在税务机关核定的期限内缴纳土地增值税。其申报程序如下：

（1）核查房地产投资立项合同、批准证书和房地产转让合同，确认投资立项与转让的时间及房地产开发项目的性质。如属于免税项目，应向主管税务机关申请办理免征土地增值税的申报手续。

（2）核查应收账款、预收账款、经营收入、其他业务收入、固定资产清理账户及主要的原始凭证，确认本期应申报的转让房地产收入。

（3）核查土地使用权转让合同及付款凭证，确认土地出让金的实际缴付金额。

（4）核查开发成本账户及开发建筑承包合同与付款凭证，确认土地征用及拆迁补偿费、前期工程费等开发支出。

（5）核查财务费用账户及相关借款合同，确认利息支出按税法规定计算扣除。对于其他房地产开发费用，应根据利息计算分摊情况，以土地出让金和开发成本为基数，按规定比例计算。

（6）核查经营税金和管理费用账户及缴税原始凭证，确认与转让房地产有关的税金。

（7）核查有关旧房及建筑物房地产评估机构出具的评估报告及原始资料，确认重置成本价及成新度折扣率。

经过以上步骤操作之后，可以计算得出土地增值额，按适用税率计算应纳税额。由于房地产开发项目投资大、工期长，在项目全部竣工结算前，难以计算纳税人转让房地产的增值额，一般按预收款收入的一定比例预缴税款，待竣工结算后清算，多退少补。因此，房地产企业土地增值税预缴申报，可主要依确认免征和核查转让房地产收入的程序进行操作。

2. 如何填制土地增值税纳税申报表

土地增值税纳税申报表分为两种，分别适用于房地产开发企业和适用于非从事房地产开发的纳税人。

（1）"土地增值税纳税申报表（一）"（见表9—2）。表9—2适用于从事房地产开发及转让的土地增值税纳税人，包括转让已完成开发的房地产取得转让收入，或预售正在开发的房地产并取得预售收入的情况。

表中各主要项目内容应根据土地增值税的基本计税单位计算填报。对同时转让两个或两个以上计税单位的房地产开发企业，应按每一基本计税单位填报一份申报表的原则操作。如果房地产开发企业同时兼有免税和征税项目单位，也分别填制。

1）"转让房地产收入总额"，为第1栏至第3栏的计算，包括转让房地产开发项目所取得的全部收入，即货币收入、实物收入和无形资产等其他形式的收入。

2）"扣除项目金额合计"，为第4栏至第20栏的计算，包括：①"取得土地使用权所支付的金额"：填写土地出让金额及按国家规定缴纳的有关费用。②"房地产开发成本"：填写实际发生的各项开发成本，如果开发成本同时包含了两个或两个以上计税单位，应按一定比例分摊。③"房地产开发费用":其中,"利息支出"如符合税法规定可据实填写,反之,本栏数额为零。"其他房地产开发费用",利息单独计算扣除的,按取得土地使用权所支付的价款和房地产开发成本合计数的5%计算扣除;利息不允许单独计算扣除的,在合计数10%以内计算扣除。④"与转让房地产有关的税金":按转让房地产时实际缴纳的营业税、城市维护建设税和教育费附加三项合计数填写。⑤"财政部规定的其他扣除项目":填写按税法规定可根据取得土地使用权时支付的价款和房地产开发成本之和加计20%的扣除。

3)"适用税率":按土地增值税所适用的最高一级税率填写。如果属于免税项目,税率应为零。

表9—2　　　　　　　　　土地增值税纳税申报表(一)
(从事房地产开发的纳税人适用)

纳税人识别号:□□□□□□□□□□□□□□□

填表日期:　　年　月　日　　　金额单位:元(列至角分)　　面积单位:平方米

纳税人名称			税款所属时期	
项目			行次	金额
一、转让房地产收入总额1=2+3			1	
其中		货币收入	2	
		实物收入及其他收入	3	
二、扣除项目金额合计4=5+6+13+16+20			4	
1. 取得土地使用权所支付的金额			5	
2. 房地产开发成本6=7+8+9+10+11+12			6	
其中		土地征用及拆迁补偿费	7	
		前期工程费	8	
		建筑安装工程费	9	
		基础设施费	10	
		公共配套设施费	11	
		开发间接费用	12	
3. 房地产开发费用13=14+15			13	
其中		利息支出	14	
		其他房地产开发费用	15	
4. 与转让房地产有关的税金16=17+18+19			16	
其中		营业税	17	
		城市维护建设税	18	
		教育费附加	19	
5. 财政部规定的其他扣除项目			20	
三、增值额21=1-4			21	
四、增值额与扣除项目金额之比(%)22=21÷4			22	
五、适用税率(%)			23	

续表

项目	行次	金额
六、速算扣除系数（%）	24	
七、应缴土地增值税税额 25 = 21×23 - 4×24	25	
八、已缴土地增值税税额	26	
九、应补（退）土地增值税税额 27 = 25 - 26	27	

如纳税人填报，由纳税人填写以下各栏			如委托代理人填报，由代理人填写以下各栏		备注
会计主管（签章）	经办人（签章）	纳税人（签章）	代理人名称	代理人（签章）	
			代理人地址		
			经办人	电话	

以下由税务机关填写		
收到申报表日期		接收者

（2）"土地增值税纳税申报表（二）"（见表9—3）。表9—3由非从事房地产开发的纳税人在签订房地产转让合同7日内，向主管税务机关报送。该表填报的基本要求与表9—2相同的栏目相同，下面仅对不同栏目的内容作出说明。

1）"旧房及建筑物的评估价格"：是按重置成本法并经主管税务机关确认的评估旧房及建筑物价格。其中，旧房及建筑物的重置成本价，是由政府批准设立的房地产评估机构评定的重置成本价，成新度折扣率是旧房及建筑物新旧程度折扣率。

2）"与转让房地产有关的税金"：除营业税、城市维护建设税和教育费附加外，还包括与转让房地产有关的印花税。

表9—3　　　　　　　　土地增值税纳税申报表（二）
（非从事房地产开发的纳税人适用）

纳税人识别号：□□□□□□□□□□□□□□□
填表日期：　年　月　日　　　金额单位：元（列至角分）　　　面积单位：平方米

纳税人名称			税款所属时期	
项目			行次	金额
一、转让房地产收入总额 1 = 2 + 3			1	
其中	货币收入		2	
	实物收入及其他收入		3	
二、扣除项目金额合计 4 = 5 + 6 + 9			4	
1. 取得土地使用权所支付的金额			5	
2. 旧房及建筑物的评估价格 6 = 7×8			6	
其中	旧房及建筑物的重置成本价		7	
	成新度折旧率		8	

续表

项目	行次	金额
3. 与转让房地产有关的税金 9 = 10 + 11 + 12 + 13	9	
其中 — 营业税	10	
其中 — 城市维护建设税	11	
其中 — 印花税	12	
其中 — 教育费附加	13	
三、增值额 14 = 1 − 4	14	
四、增值额与扣除项目金额比率（%）15 = 14 ÷ 4	15	
五、适用税率（%）	16	
六、速算扣除系数（%）	17	
七、应缴土地增值税税额 18 = 14 × 16 − 4 × 17	18	

如纳税人填报，由纳税人填写以下各栏			如委托代理人填报，由代理人填写以下各栏		备注
			代理人名称		
			代理人地址		
会计主管（签章）	经办人（签章）	纳税人（签章）	经办人	电话	代理人（签章）

以下由税务机关填写			
收到申报表日期		接收者	

模块二 资源税的申报及缴纳

一、资源税概述

资源税是对在我国境内开采应税矿产品，或者生产盐的单位和个人，就其销售数量或者自用数量征收的一种税。

资源税是对"资源"征收的税，"资源"一般是指自然界存在的自然资源，包括矿产资源、土地资源、动植物、海洋、太阳能和水资源等。

二、资源税的纳税人

在我国境内开采应税矿产品或者生产盐（以下简称"开采或者生产应税产品"）的单位和个人，为资源税的纳税人。

中外合作开采石油、天然气，按照现行规定只征收矿区使用费，暂不征收资源税。因此，中外合作开采石油、天然气的企业，不是资源税的纳税人。

对进口应税资源的单位和个人不征收资源税。

为了加强对资源税零散税源的源泉控制，防止税款流失，税法规定以收购未税矿产品的单位为资源税的扣缴义务人，具体有以下两种：

（1）收购未税矿产品的独立矿山、联合企业。独立矿山是指只有采矿或只有采矿和选矿，生产独立核算、自负盈亏的单位，其生产的原矿和精矿主要用于对外销售。联合企业是指采矿、冶炼（或加工）连续生产的企业或采矿、冶炼（或加工）连续生产的企业。

（2）其他收购未税矿产品的单位（包括个体户）。

三、资源税的税目与税额

1. 资源税的税目

资源税的税目包括七大类，具体为：

（1）原油，是指开采的天然原油，不包括人造油。

（2）天然气，是指专门开采或与原油同时开采的天然气，暂时包括煤矿生产的天然气。

（3）煤炭，是指原煤，不包括洗煤、选煤及其他煤炭制品。

（4）其他非金属矿原矿，是指原油、天然气、煤炭和井矿盐以外的非金属矿原矿。

（5）黑色金属矿原矿，是指纳税人开采后自用或者销售的用于直接入炉冶炼或作为主产品先入选精矿，制造人工矿，再最终入炉冶炼的黑色金属矿石原矿，包括铁矿石、锰矿石和铬矿石。

（6）有色金属矿原矿，包括铜矿石、铅锌矿石、铝土矿石、钨矿石、锡矿石、锑矿石、镍矿石、钼矿石和黄金矿等。

（7）盐，是指固体盐、液体盐。固体盐，包括海盐原盐、湖盐原盐和井矿盐。液体盐，是指卤水，即氯化钠含量达到一定浓度的溶液，是用于生产碱和其他产品的原料。

2. 资源税的税额

资源税实行从量定额征收。为发挥资源税调节资源级差收入（由于资源自身条件和开采条件不同而形成的有差别的收入）的作用，资源税实行差别定额税率，资源条件好的，税额高一些；资源条件差的，税额低一些，具体见表9—4。

表9—4　　　　　　　　　资源税税目税额幅度表

税目	税额幅度
原油	8～30元/吨
天然气	2～15元/千立方米
煤炭	0.3～5元/吨
其他非金属矿原矿	0.5～20元/吨或者立方米
黑色金属矿原矿	2～30元/吨
有色金属矿原矿	0.4～30元/吨
盐：　　固体盐　　液体盐	10～60元/吨　　2～10元/吨

对"资源税税目税额幅度表"中未列举名单的纳税人适用的税额，由各省、自治区、直辖市人民政府根据纳税人的资源状况，参照该表中确定的临近矿山的税额标准，在上下浮动30%的幅度内核定，并报财政部、国家税务总局备案。

对独立矿山应纳的铁矿石资源税减征40%，按照税额标准的60%征收。

对有色金属矿的资源税在规定税额的基础上减征30%，按规定税额标准的70%征收。

四、资源税的计税依据

1. 一般情况下计税依据的确定

从量定额征收方式决定了资源税以课税数量为计税依据。课税数量的确定如下：

（1）纳税人开采或者生产应税产品销售的，以销售数量为课税数量。

（2）纳税人开采或者生产应税产品自用的，以自用数量为课税数量。

2. 特殊情况下计税依据的确定

（1）纳税人不能准确提供应税产品销售数量或移送使用数量的，以应税产品的产量或主管税务机关确定的折算比换算成的数量为课税数量。

（2）原油中的稠油、高凝油与稀油划分不清或不易划分的，一律按原油的数量课税。

（3）对于连续加工前无法正确计算原煤移送使用量的煤炭，可按加工产品的综合回收率，将加工产品实际销量和自用量折算成原煤数量，以此作为课税数量。其综合回收率计算公式为：

$$综合回收率 = \frac{基期原煤加工选煤、煤泥等的数量或价值}{基期耗用的原煤量或价值}$$

（4）金属和非金属矿产品原矿，因无法确定掌握纳税人移送使用原矿数量的，可将其精矿按选矿比折算成原矿数量，以此作为课税数量。选矿比的计算公式为：

$$选矿比 = \frac{精矿数量}{耗用原矿数量}$$

（5）纳税人以自产的液体盐加工成固体盐，按固体盐税额征收税，以加工的固体盐数量为课税数量。纳税人以外购的液体盐加工成固体盐，其加工固体盐所耗用的液体盐的已纳税额准予抵扣。

五、资源税的计算与减免

1. 应纳资源税的计算

资源税实行从量定额征收，资源税的应纳税额，按照应税产品的课税数量和规定的单位税计算。其应纳税额计算公式为：

$$应纳资源税 = 课税数量 \times 单位税额$$

【例9—2】 某油田3月份生产原油320 000吨，对外销售原油220 000吨，企业自有原油50 000吨，该原油单位税额为12元/吨。请计算该油田3月份应纳的资源税。

【解析】 课税数量 = 220 000 + 50 000 = 270 000（吨）

应纳资源税 = 270 000 × 12 = 3 240 000（元）

【例9—3】 某铁矿当月开采铁矿石10万吨，直接对外销售5万吨；用其中一部分选出铁矿精矿0.1吨，选矿比为1:40，其适用税额20元/吨。请计算该铁矿当月应纳的资源税。

【解析】 原铁矿石数量 = 0.1 × 40 = 4（万吨）

课税数量 = 5 + 4 = 9（万吨）

应纳资源税 = 9 × 20 = 180（万元）

【例9—4】 某煤矿3月份生产原煤180 000吨，直接对外销售100 000吨，销售自产用原煤加工的选煤50 000吨，综合回收率为1:1.5，该原煤适用税额2元/吨。请计算该煤矿3月份应纳的资源税。

【解析】　　　　　原煤数量 = 50 000 × 1.5 = 75 000（吨）
　　　　　　　　课税数量 = 100 000 + 75 000 = 175 000（吨）
　　　　　　　　应纳资源税 = 175 000 × 2 = 350 000（元）

【例9—5】　某盐场某年度生产液体盐15万吨，其中5万吨直接对外销售，10万吨用于继续加工固体盐7万吨，并售出5万吨，另有2万吨继续加工成精制食用盐1.8万吨全部售出。此外还外购液体盐2万吨全部加工固体盐1.5万吨并销售，固体盐适用税额10元/吨，液体盐适用税额5元/吨。请计算该盐场当年应纳的资源税。

【解析】　　　　自产自销液体盐应纳资源税 = 5 × 5 = 25（万元）
以自产的液体盐加工成固体盐，按固体盐税额征税，以加工的固体盐数量为课税数量。
　　　　　自产的液体盐加工成固体盐应纳资源税 = 7 × 10 = 70（万元）
外购的液体盐加工成固体盐，其加工固体盐所耗用的液体盐的已纳税额准予抵扣。
　　　外购的液体盐加工成固体盐应纳资源税 = 1.5 × 10 - 2 × 5 = 5（万元）
　　　　　　该盐场当年应纳的资源税共计 = 25 + 70 + 5 = 100（万元）

2. 资源税减免的情形

有下列情形之一的，减征或者免征资源税：

（1）开采原油过程中用于加热、修井的原油免税。

（2）纳税人开采或者生产应税产品过程中，因意外事故或者自然灾害等原因遭受重大损失的，由省、自治区、直辖市人民政府酌情决定减税或者免税。

（3）国务院规定的其他减税、免税项目。具体包括：①对冶金联合企业矿山的铁矿资源税减征60%，按规定税额标准的40%征收。②对有色金属矿的资源税在规定税额的基础上减征30%，按规定税额标准的70%征收。

纳税人的减税、免税项目，应当单独核算课税数量；未单独核算或者不能准确提供课税数量的，不予减税或者免税。

六、资源税的缴纳与申报

1. 资源税纳税义务的发生时间

纳税人销售应税产品，纳税义务发生时间为收讫销售款或者取得索取销售款凭证的当天；自产自用应税产品，纳税义务发生时间为移送使用的当天。

资源税纳税义务发生时间具体规定如下：

（1）纳税人销售应税产品，其纳税义务发生时间是：①纳税人采取分期收款结算方式的，其纳税义务发生时间为销售合同规定的收款日期的当天；②纳税人采取预收货款结算方式的，其纳税义务发生时间为发出应税产品的当天；③纳税人采取其他结算方式的，其纳税义务发生时间为收讫销售款或者取得索取销售款凭据的当天。

（2）纳税人自产自用应税产品的纳税义务发生时间，为移送使用应税产品的当天。

（3）扣缴义务人代扣代缴税款的纳税义务发生时间，为支付货款的当天。

2. 资源税的纳税期限

纳税人的纳税期限为1日、3日、5日、10日、15日或者1个月，由主管税务机关根据实际情况具体核定，不能按固定期限计算纳税的，可以按次计算纳税。

纳税人以1个月为期限纳税的，自期满之日起10日内申报纳税；以1日、3日、5日、10日或者15日为一期纳税的，自期满之日起5日内预缴税款，于次月1日起10日内申报纳税并结清上月税款。

扣缴义务人的解缴税款期限比照上述规定执行。

3. 资源税的纳税地点

纳税人应纳的资源税，应当向应税产品的开采或者生产所在地主管税务机关缴纳。具体实施时，跨省开采资源税应税产品的单位，其下属生产单位与核算单位不在同一省、自治区、直辖市的，对其开采的矿产品，一律在开采地纳税，其应纳税款由独立核算、自负盈亏的单位按照开采地的实际销售量（或者自用量）及适用的单位税额计算划拨。

扣缴义务人代扣代缴的资源税，应当向收购地主管税务机关缴纳。

4. 填制资源税纳税申报表

资源税的纳税人必须按照税法规定的期限办理纳税申报，办理纳税申报时应如实填写"资源税纳税申报表"，见表9—5。

表9—5　　　　　　　　　资源税纳税申报表

纳税人识别号：□□□□□□□□□□□□□□　　　金额单位：元（列至角分）

纳税人名称			税款所属时期		年　月　日至　年　月　日		
产品名称	课税单位	课税数量	单位税额	应纳税额	预缴税款	应补（退）税款	备注
应纳税项目							
免税项目							
如纳税人填报，由纳税人写以下各栏			如委托代理人填报，由代理人填写以下各栏				备注
会计主管（签章）	经办人（签章）	纳税人（签章）	代理人名称				
			代理人地址				
			经办人		电话		
以下由税务机关填写							
纳税人申报日期			接收人				

模块三　城镇土地使用税的申报及缴纳

一、城镇土地使用税概述

1. 城镇土地使用税的含义

城镇土地使用税是对在城市、县城、建制镇和工矿区范围内使用土地的单位和个人，按其实际占用的土地面积分等级定额征收的一种税。开征该税是为了合理利用城镇土地，调节土地级差收入、提高土地使用效率，加强对土地的管理。

2. 城镇土地使用税的纳税人

在城市、县城、建制镇和工矿区范围内使用土地的单位和个人，为城镇土地使用税（以下简称"土地使用税"）的纳税义务人（以下简称"纳税人"）。纳税人通常包括以下几种：

（1）拥有土地使用权的单位和个人。

（2）拥有土地使用权的单位和个人不在土地所在地的，实际使用人和代管人为纳税人。

（3）土地使用权未确定或权属纠纷未解决的，其实际使用人为纳税人。

（4）土地使用权共有的，共有各方都是纳税人，由共有各方分别纳税。

如果几个人或几个单位共同拥有一块土地的使用权，那么这块土地的城镇土地使用税的纳税人，应是对这块土地拥有使用权的每一个人或每个单位。

对外商投资企业和外国企业计收土地使用费，暂不征收土地使用税，因此，城镇土地使用税的纳税人不包括外商投资企业和外国企业。

二、城镇土地使用税的征税范围、计税依据和税率

1. 城镇土地使用税的征税范围

城镇土地使用税的征税范围，包括城市、县城、建制镇和工矿区范围内的国家所有和集体所有的土地。

以上城市、县城、建制镇和工矿区，分别按以下标准确认：

（1）城市是指经国务院批准设立的市。

（2）县城是指县人民政府所在地。

（3）建制镇是指经省、自治区、直辖市人民政府批准设立的建制镇。

（4）工矿区是指工商业比较发达，人口比较集中，符合国务院规定的建制镇标准，但尚未设立建制镇的大中型工矿企业所在地。工矿区须经省、自治区、直辖市人民政府批准。

上述征税范围中，城市的土地包括市区和郊区的土地；县城的土地是指县人民政府所在地的城镇土地；建制镇的土地是指镇人民政府所在地的土地。

建立在城市、县城、建制镇和工矿区以外的工矿企业，则不需要缴纳城镇土地使用税。

2. 城镇土地使用税的计税依据

土地使用税以纳税人实际占用的土地面积为计税依据。

3. 城镇土地使用税的税率

土地使用税采用定额税率，即采用有幅度的差别税额，按大、中、小城市和县城、建制镇、工矿区分别规定土地使用税每平方米年应纳税额。具体标准如下：

（1）大城市 0.5～10 元/平方米。

（2）中等城市 0.4～8 元/平方米。

（3）小城市 0.3～6 元/平方米。

（4）县城、建制镇、工矿区 0.2～4 元/平方米。

大、中、小城市以公安部门登记在册的非农业正式户口人数为依据，按照国务院颁发的《城市规划条例》中规定的标准划分。人口在 50 万人以上者为大城市；人口在 20 万人至 50 万人之间为中等城市；人口在 20 万人以下者为小城市。

各省、自治区、直辖市人民政府，应当在上述税额幅度内，根据市政建设状况、经济繁

荣程度等条件，确定所辖地区的适用税额幅度。

市、县人民政府应当根据实际情况，将本地区土地划分为若干等级，在省、自治区、直辖市人民政府确定的税额幅度内，制定相应的适用税额标准，报省、自治区、直辖市人民政府批准执行。

经省、自治区、直辖市人民政府批准，经济落后地区土地使用税的适用税额标准可以适当降低，但降低额不得超过上述规定最低税额的30%。

经济发达地区土地使用税的使用税额标准可以适当提高，但须报经财政部批准。

三、城镇土地使用税的计算与减免

1. 城镇土地使用税的计算

城镇土地使用税采用定额税率，以纳税人实际占用的土地面积为计税依据，用纳税人实际占用的土地面积乘以单位适用税额即为应纳税额。其计算公式为：

应纳城镇土地使用税 = 实际占用的应税土地面积 × 适用税额

【例9—6】 某市A企业使用土地面积10 000平方米，经税务机关核定，该土地每平方米的年税额为7元。请计算该企业全年应纳的土地使用税。

【解析】 年应纳土地使用税税额 = 10 000 × 7 = 70 000（元）

2. 城镇土地使用税的减免

下列土地免缴土地使用税：

（1）国家机关、人民团体、军队自用的土地。这部分土地是指这些单位本身的办公用地和公务用地。

（2）由国家财政部门拨付事业经费的单位自用的土地。这部分土地是指这些单位本身的业务用地。

（3）宗教寺庙、公园、名胜古迹自用的土地。宗教寺庙自用的土地，是指举办宗教仪式等的用地和寺庙内的宗教人员生活用地；公园、名胜古迹自用的土地，是指供公共参观游览的用地及其管理单位的办公用地。

（4）市政街道、广场绿化地带等公共用地。

（5）直接用于农、林、牧、渔业的生产用地。

（6）经批准开山填海整治的土地和改造的废弃土地，从使用的月份起免缴土地使用税5～10年。

（7）对非营利性医疗机构、疾病控制机构和妇幼保健机构等卫生机构自用的土地。

（8）企业开办的学校、医院、托儿所和幼儿园，其用地能与企业其他用地明确区分的，免征土地使用税。

（9）免税单位无偿使用纳税单位的土地，免征土地使用税。纳税单位无偿使用免税单位的土地，纳税单位应照章缴纳土地使用税。纳税单位与免税单位共同使用共有使用权土地上的多层建筑，对纳税单位可按其占用的建筑面积占建筑总面积的比例计征土地使用税。

（10）对行使国家行政管理职能的中国人民银行总行（含国家外汇管理局）所属分支机构自用的土地，免征土地使用税。

（11）港口的码头用地，免征土地使用税。

（12）中国海洋石油总公司及其所属各公司的导管架、平台组块等海上结构物建造用地；码头用地；输油气管线用地；通信天线用地；办公、生活区以外的公路、铁路专线、机场用地等，暂免征收土地使用税。

（13）对高校后勤实体免征土地使用税。

以上（1）~（13）中属于单位的生产、经营用地和其他用地，如公园、名胜古迹中附设的营业单位，如照相馆、饮食部和影剧院等用地，不属于免税范围，应按规定缴纳土地使用税。

除上述规定外，纳税人缴纳土地使用税确有困难需要定期减免的，由省、自治区、直辖市税务机关审核后，报国家税务局批准。

3. 城镇土地使用税的纳税申报

城镇土地使用税计税方法直观简单，其重点环节是确定纳税义务人、计税土地面积及其类别。

（1）城镇土地使用税纳税申报操作规范

1）核查企业土地使用证标示的土地面积和实际占用的土地面积，在此基础上核查土地实际所处的类区和用途，以确定征税土地面积的数量和适用的单位税额。

2）核查拥有土地使用权的实际情况，确认纳税义务人。

3）核查企业实际占用的减税、免税土地面积及核批手续，确认免税推断面积。

4）根据使用土地的单位税额计算应纳税额，按年计算，分期缴纳。

（2）填制"城镇土地使用税纳税申报表"的方法

1）"坐落地点"按土地证上标明的地点或实际位置分行填列。

2）"上期占地面积"为上期申报的实际占用土地面积（包括免税面积）。

3）"本期增减"为实际占用的面积增加或减少的数量。

4）其他各栏的填报方法可根据纳税申报表中注明的计算关系进行。

"城镇土地使用税纳税申报表"的具体格式见表9—6。

表9—6　　　　　　　　　城镇土地使用税纳税申报表

填表日期：　　年　　月　　日

纳税人识别号：□□□□□□□□□□□□□□□　　金额单位：元（列至角分）

纳税人名称										税款所属时期				
坐落地点	上期占地面积	本期增减	本期实际占地面积	法定免税面积	应税面积	土地等级		适用税率		全年应缴税额	纳税次数	本期		
						I	II	I	II			应纳税额	已纳税额	应补(退)税额
1	2	3	4 = 2+3	5	6 = 4−5	7	8	9	10	11 = 6×9 或 6×10	12	13 = 11÷12	14	15 = 13−14
合计														

续表

如纳税人填报，由纳税人填写以下各栏			如委托代理人填报，由代理人填写以下各栏		备注
会计主管（签章）	经办人（签章）	纳税人（签章）	代理人名称	代理人（签章）	
			代理人地址		
			经办人	电话		
以下由税务机关填写					
收到申报表日期			接收人		

模块四 房产税的申报及缴纳

一、房产税概述

1. 房产税征税范围

房产税是以城市、县城、建制镇和工矿区范围内的房产为征税对象，按照房产的预制或租金收入征收的一种税。其中，房产是指有屋面和维护结构（有墙或两边有柱），能够遮风避雨，可提供人们在其中生产、学习、工作、娱乐、居住或储藏物资的场所。

房产税的征税范围目前不包括农村。农村的农民居住用房和农副业生产用房，均不属于房产税的征税范围。

2. 房产税的计税依据

房产税以房产的计税价值或房产的租金收入为计税依据。按照房产的计税价值征税的，称为从价计征；按照房产的租金收入征税的，称为从租计征。

（1）从价计证。按照房产的计税价值征税的，以房产原值一次减除10%～30%后的余值即房产余值为计税依据。具体减除幅度，由省、自治区、直辖市人民政府规定。

房产原值，是指纳税人按照汇集制度规定，在账簿"固定资产"科目中记载的房屋造价或原价；没有房产原值作为依据的，由房产所在地税务机关参考同类房产核定。

此外，在确定房产税的计税依据时，还应注意以下几个特殊规定：

1）对投资联营的房产的规定。对以房产投资联营，投资者参与投资利润分红、共担风险的，按房产余值作为计税依据计征房产税；对只收取固定收入、不承担联营风险的，应按租金收入计征房产税。

2）对融资租赁房屋的规定。对融资租赁房屋（相当于分期付款买房屋）计征房产税时，承租方应以房产余值计算征收。至于租赁期内房产税的纳税人，由当地税务机关根据实际情况确定。

3）新建房屋交付使用时，如中央空调设备已计算在房屋原价之中，则房屋原价应包括中央空调设备。例如，中央空调设备作单项固定资产入账，单独核算并提取折旧，则房产原值不应包括中央空调设备。关于旧房安装空调设备，一般都作单项固定资产入账，不应计入房屋原值。

（2）从租计征。房产出租的，以房产的租金收入为房产税的计税依据。

房产的租金收入，是指房屋的产权所有人出租房产使用权取得的报酬，包括货币收入和实物收入。

3. 房产税的税率

我国现行房产税采用比例税率，因计税依据有上述两种情况，所以其税率也有两种：

(1) 实行从价计征的，税率为 1.2%。

(2) 实行从租计征的，税率为 12%。

但对个人按市场价格出租的居民住房，用于居住的，可暂减按 4% 的税率征收房产税。

二、房产税的计算与减免

1. 房产税从价计征的计算

房产税实行从价计征的，按照房产的原值减除一定比例后的余额来计算。其计算公式为：

$$应纳房产税 = 应税房产原值 \times (1 - 扣除比例) \times 1.2\%$$

【例 9—7】 某企业的经营用房原值为 3 000 万元，该地规定允许按原值一次扣除 20% 后的余值计税。请计算其应纳的房产税。

【解析】 应纳房产税 = 3 000 × (1 - 20%) × 1.2% = 28.80（万元）

2. 房产税从租计征的计算

房产税实行从租计征的，按房产的租金收入来计算。其计算公式为：

$$应纳房产税 = 租金收入 \times 12\%$$

【例 9—8】 某企业出租其房屋，年租金收入为 50 万元。请计算其应纳的房产税。

【解析】 应纳房产税 = 500 000 × 12% = 60 000（元）

3. 房产税的减免

下列房产免征房产税：

(1) 国家机关、人民团体、军队自用的房产。其出租房产以及非自身业务使用的生产、营业用房，不属于免税范围。

(2) 由国家财政部门拨付事业经费的单位自用的房产。对于其附属工厂、商店、招待所等下属单位公务、业务的用房，应照章纳税。

(3) 宗教寺庙、公园、名胜古迹自用的房产。宗教寺庙、公园、名胜古迹中附设的营业单位，不属于免税范围，应照章纳税。

(4) 个人所有非营业用的房产。个人所有非营业用的房产，主要是指居民住房，不分面积大小，一律免征房产税。对个人拥有的营业用房或者出租的房产，不属于免税房产，应照章纳税。

(5) 对行使国家行政管理职能的中国人民银行总行（含国家外汇管理局）所属分支机构自用的土地，免征房产税。

(6) 经财政部门批准免税的其他房产。

除上述规定外，纳税人纳税确有困难的，可由省、自治区、直辖市人民政府确定，定期减征或者免征房产税。

4. 房产税的纳税申报

房产税虽然征税对象单一，但是有关纳税义务人的确认、计税依据的计算、减税免税的规定却较为复杂。为能准确把握应纳税额的计算，维护企业应享有的税收权益，应按下述规范要领操作：

(1) 核查应税房屋及与房屋不可分割的各种附属设施，或一般不单独计算价值的配套设施，确认产权所属关系，以此判定纳税义务人。

（2）核查应税房产投入使用或竣工、验收的时间，确认纳税义务发生的时间。

（3）核查固定资产、预提费用、待摊费用、在建工程、其他业务收入等核算账户，确认应税房产的净值或租金收入，确定房产税的计税依据。

（4）核查在征税范围内按现行政策应予以减税免税的房产，如危房、险房、停止使用的房产、企业停产闲置不用的房产、因大修理停用半年以上的房产等，报请税务机关审核同意后，可暂免征收房产税。

5. 如何填制房产税纳税申报表

对于"房产税纳税申报表"有关计税依据、适用税率等各栏的内容，税法已有明确规定，在此只对一些特殊要求加以说明。

（1）"房产原值"为"固定资产账户"借方记载的房屋造价（或购价）。其中：

1）第1栏"上期申报房产原值（评估值）"，填写经税务机关审核认可的房产原值，或者虽然没有房产原值、但却有经税务机关评估的价值。

2）第2栏"本期增减"，反映纳税人因为原有房产进行改建、扩建或因毁损而增建的房屋原值。

3）第4～6栏在确定第3栏"本期实际房产原值"的基础上，区分为从价、从租计税和免税的房产原值。

（2）计税依据，第8栏从价计税的为房产原值减除10%～30%折旧后的余值，第9栏从租计征的为实际取得的租金收入。

（3）应纳税额，按本期应缴和汇算填报，其中，第13栏"缴纳次数"按地方主管税务机关的规定填写，如全年分两次或四次缴纳，第14栏"本期应纳税额"为全年应纳税额的1/2或1/4。

"房产税纳税申报表"见表9—7。

表9—7　　　　　　　　　房产税纳税申报表

填表日期：　　　年　月　日

纳税人识别号：□□□□□□□□□□□□□□□　金额单位：元（列至角分）

纳税人名称				税款所属时期											
坐落地点			建筑面积（m²）			房屋结构									
上期申报房产原值（评估值）	本期增减	本期实际房产原值	其中			扣除率	计税依据		适用税率		全年应纳税额	缴纳次数	本期		
			从价计税的房产原值	从租计税的房产原值	免税房产原值		房产余值	租金收入	1.2%	12%			应纳税额	已纳税额	应补（退）税额
1	2	3=1+2	4=3-5-6	5=3-4-6	6	7	8=4-4×7	9	10	11	12=8×10+9×11	13	14=12÷13	15	16=14-15
合计															

续表

如纳税人填报，由纳税人填写以下各栏			如委托代理人填报，由代理人填写以下各栏		备注
会计主管（签章）	经办人（签章）	纳税人（签章）	代理人名称	代理人（签章）	
			代理人地址		
			经办人	电话	
以下由税务机关填写					
收到申报表日期			接收人		

模块五 印花税的申报及缴纳

一、印花税概述

1. 印花税的含义

印花税是对经济活动和经济交往中书立、使用、领受的凭证征收的一种税。该税采用在凭证上粘贴印花税票的办法作为完税标志，故称"印花税"。

印花税属于行为税，只要发生书立、使用、领受应税凭证的行为，就要贴花纳税。

2. 印花税的纳税人

在中华人民共和国境内书立、使用、领受《印花税暂行条例》所列举凭证的单位和个人，都是印花税的纳税人。

上述单位和个人按照书立、使用、领受应税凭证的不同，具体分为：

（1）立合同人。立合同人是指合同的当事人，即对凭证有直接权利义务关系的单位和个人，但不包括担保人、证人和鉴定人。各类合同的纳税人是立合同人。当事人的代理人有代理纳税的义务。

（2）立据人。产权转移书据的纳税人是立据人。

（3）立账簿人。营业账簿的纳税人是立账簿人。所谓立账簿人，是指设立并使用营业账簿的单位和个人。

（4）领受人。权利、许可证照的纳税人是领受人。所谓领受人，是指领取或接受并持有该项凭证的单位和个人。

（5）使用人。在国外书立、领受，但在国内使用的应税凭证，其纳税人是使用人。

同一凭证，由两方或者两方以上当事人签订并各执一份的，其当事人各方都是印花税的纳税人，应当由各方就所执的一份各自全额贴花。

3. 印花税的征税范围

印花税是对凭证征税。税法把下列凭证列入了征税范围，具体为：

（1）购销、加工承揽、建设工程承包、财产租赁、货物运输、仓储保管、借款、财产保险、技术合同或者具有合同性质的凭证。

（2）产权转移书据。

（3）营业账簿。

（4）权利许可证照。包括房屋产权证、工商营业执照、商标注册证、专利证及土地使用证。

（5）经财政部确定征税的其他凭证。

4. 印花税的税目与税率

税目，是指印花税征税对象的具体项目，是印花税征税范围的具体体现。凡税目税率表中列举的凭证都应按规定征税，未列举的则不征税。印花税共有13个项目。

印花税的税率有两种形式，即比例税率和定额税率。

（1）比例税率。各类合同以及具有合同性质的凭证、产权转移书据、营业账簿中记载资金的账簿，适用比例税率。比例税率分为5个档次，分别为0.05‰、0.3‰、0.5‰、1‰和4‰。

（2）定额税率。权利、许可证照、营业账簿中的其他账簿，适用定额税率，均为按件贴花，税额为5元。

印花税税目税率详见表9—8。

表9—8　　　　　　　印花税税目税率表

项目	范围	税率	纳税人	说明
1. 购销合同	包括供应、预购、采购、购销结合和协作、调剂、补偿、易货等合同	按购销金额万分之三贴花	立合同人	
2. 加工承揽合同	包括加工、定做、修缮、修理、印刷、广告、测绘、测试等合同	按加工或承揽收入万分之五贴花	立合同人	
3. 建设工程勘察设计合同	包括勘察、设计合同	按收取费用万分之五贴花	立合同人	
4. 建筑安装工程承包合同	包括建筑、安装工程承包合同	按承包金额万分之三贴花	立合同人	
5. 财产租赁合同	包括租赁房屋、船舶、飞机、机动车辆、机械、器具、设备等而签订的合同	按租赁金额万分之零点一贴花，税额不足1元的按1元贴花	立合同人	
6. 货物运输合同	包括民用航空运输、铁路运输、海上运输、内河运输、公路运输和联运合同	按运输费用万分之五贴花	立合同人	单据作为合同使用的，按合同贴花
7. 仓储保管合同	包括仓储、保管合同	按仓储保管费用万分之零点一贴花	立合同人	仓单或栈单作为合同使用的，按合同贴花

续表

项目	范围	税率	纳税人	说明
8. 借款合同	银行及其他金融组织和借款人（不包括银行同业拆借）所签订的合同	按借款金额万分之零点五贴花	立合同人	单据作为合同使用的，按合同贴花
9. 财产保险合同	包括财产、责任、保证、信用等保险合同	按投保金额万分之零点三贴花	立合同人	单据作为合同使用的，按合同贴花
10. 技术合同	包括技术开发、转让、咨询、服务等合同	按所载金额万分之三贴花	立合同人	
11. 产权转移书据	包括财产所有权和版权、商标专用权、专利权、专有技术使用权等转移书据	按所载金额万分之五贴花	立据人	
12. 营业账簿	生产经营用账簿、记载资金的账簿	记载资金的账簿按实用资本和资本公积的合计金额万分之五贴花，其他账簿按件贴花	立账簿人	
13. 权利许可证照	包括政府部门发给的房屋产权证、工商营业执照、商标注册证、专利证、土地使用证	按件贴花，每件5元	领受人	

二、印花税的计算与缴纳

1. 印花税的计算

印花税的计算，以计税依据乘以适用税率（税额）即为应纳税额，其计算公式为：

（1）实行比例税率的凭证：

$$应纳印花税 = 凭证计税金额 \times 适用税率$$

（2）实行定额税率的凭证：

$$应纳印花税 = 应税凭证件数 \times 单位税额$$

2. 印花税的免税规定

税法规定，下列凭证免纳印花税：

（1）已缴纳印花税的凭证的副本或者抄本。

（2）财产所有人将财产赠给政府、社会福利单位和学校所立的书据。

（3）国家指定的收购部门与村民委员会、农民个人书立的农副产品收购合同。

（4）无息、贴息贷款合同。

（5）外国政府或国际金融组织向我国政府及国家金融机构提供优惠贷款所书立的合同。

（6）房地产管理部门与个人签订的用于生活居住的租赁合同。

（7）农牧业保险合同。

（8）特殊货运凭证。这类凭证有：①军事物资运输凭证，即政府有军事运输命令或使用专用的军事物资运费结算凭证。②抢险救灾物资运输凭证，即附有县级以上（含县级）人民政府抢险救灾物资运输证明文件的运输结算凭证，③新建铁路的工程临管线运输凭证，即为新建铁路运输施工所需物料，使用工程临管线专用的运费结算凭证。

3. 印花税的纳税申报程序

印花税的纳税申报程序如下：

（1）了解企业生产经营所属的行业以及生产经营项目的特点，确定应税凭证可能发生的主要范围。

（2）核查企业当期书立的购销合同、加工承揽合同、货物运输合同、技术合同、营业账簿和权利许可证照等，按合同金额和适用的税率计算应纳税额。

（3）核查企业具有合同性质的票据、单据。如运输费用发票，购销单位相互之间开出的订单、要货单、传真函件等，均应视为应税凭证，按规定贴花。

（4）核查企业可能发生应税凭证业务的核算账户，如"实收资本""资本公积""固定资产""制造费用""管理费用"等，以防止漏缴税款。

（5）对于加工承揽合同、货物运输合同等在计税时可作一定金额扣除的应税凭证，还应核查计税金额与扣除金额，确定计税依据。

（6）将本期各应税凭证印花税税额汇总计算后，如税额较小，可到税务机关购买印花税票贴花完税，并在每枚税票的骑缝处划销；税额较大的（税法规定为超过500元），可用税收缴款书缴纳税款。如果企业应税凭证种类多，纳税次数发生频繁，且金额较大，可向主管税务机关申请采取汇总缴纳的方法。

4. 如何填制"印花税纳税申报表"

表9—9是"印花税纳税申报表"，适用于各类应税凭证印花税的纳税申报，能够将应税凭证当月申报与即时贴花完税的情况作全面综合的反映。

表9—9　　　　　　　　　　　印花税纳税申报表

填表日期：　　年　　月　　日

纳税人识别号：□□□□□□□□□□□□□□□　　金额单位：元（列至角分）

纳税人名称							税款所属时期			
应税凭证名称	件数	计税金额	适用税率	应纳税额	已纳税额	应补（退）税额	购花贴花情况			
							上期结存	本期购进	本期贴花	本期结存
1	2	3	4	5＝2×3×4	6	7＝5－6	8	9	10	11＝8+9－10

续表

如纳税人填报，由纳税人填写以下各栏			如委托代理人填报，由代理人填写以下各栏			备注
会计主管（签章）	经办人（签章）	纳税人（签章）	代理人名称		代理人（签章）	
			代理人地址			
			经办人	电话		
以下由税务机关填写						
收到申报表日期				接收人		

(1)"应税凭证名称"按合同适用的印花税税目填写。

(2)"计税金额"应填写印花税的计税依据。如货物运输合同，其金额要将装卸费剔除。

(3)"已纳税额"反映本月已贴花的税额，或以缴款书缴纳的印花税税额。

(4)"购花贴花情况"反映企业购买印花税票自行完税贴花后结存的税票金额。本栏可为税务机关提供税收票证管理的原始资料。

5. 印花税的罚则

印花税的罚则如下：

(1)在应纳税凭证上未贴或者少贴印花税票的，税务机关除责令其补贴印花税票外，可处以应补贴印花税票金额3~5倍的罚款。

(2)对粘贴的印花税票未注销或者未划销的，税务机关可处以未注销或者未划销印花税票金额1~3倍的罚款。

(3)已贴用的印花税票揭下重用的，税务机关可处以重用印花税票金额5倍以下或者2 000元以上1万元以下的罚款。

(4)伪造印花税票的，由税务机关提请司法机关依法追究刑事责任。

(5)纳税人对汇总缴纳印花税的凭证不按规定办理并保存备查的，由税务机关处以5 000元以下罚款；情节严重的，撤销其汇缴许可证。

(6)纳税人未按规定期限保存纳税凭证的，由税务机关酌情处以5 000元以下罚款。

(7)代售户对取得的税款逾期不缴或者挪作他用；或者违反合同将所领印花税票转托他人代售或者转至其他地区销售；或者未按规定详细提供领、售印花税票情况的，税务机关可视其情节轻重，给予警告或者取消其代售资格的处罚。

模块六　城市维护建设税的申报及缴纳

一、城市维护建设税概述

1. 城市维护建设税的含义

城市维护建设税（以下简称"城建税"）是国家对缴纳增值税、消费税、营业税的单位和个人，就其实际缴纳的"三税"税额为计税依据而征收的一种税。

城建税是一种附加税，本身就没有特定的、独立的征税对象，只是以增值税、消费税和营业税这三种税为基础而附加征收的税。

2. 城市维护建设税的纳税人

凡缴纳增值税、消费税、营业税的单位和个人，都是城市维护建设税的纳税人。单位包括国有企业、集体企业、私营企业、股份制企业和其他企业，以及行政单位、事业单位、军事单位、社会团体和其他单位；个人包括个体工商户和其他个人。需要注意的是，对外商投资企业和国外企业不征收城建税。

二、城市维护建设税的税率和计税依据

1. 城市维护建设税的税率

城建税采用差别比例税率。按纳税人所在地的不同，规定了不同的城市维护建设税税率，具体为：

（1）纳税人所在地在市区的，税率为7%。
（2）纳税人所在地在县城或镇的，税率为5%。
（3）纳税人所在地不在市区、县城或镇的，税率为1%。

但对下列两种情况，可按缴纳"三税"所在地的规定税率计算缴纳建设税：

（1）由受托方代征代扣"三税"的单位和个人，其代征代扣的城建税按受托方所在地适用税率。
（2）流动经营等无固定纳税地点的单位和个人，在经营地缴纳"三税"的，其城建税按经营地适用税率。

2. 城市维护建设税的计税依据

城建税以纳税人实际缴纳的增值税、消费税和营业税税额为计税依据。

纳税人违反"三税"有关规定而加收的滞纳金和罚款，不作为城建税的计税依据，但纳税人在被查补"三税"和被处以罚款时，应同时对其偷漏的城建税进行补和罚款。

城建税以"三税"税额为计税依据并同时征收，如果要免征或者减征"三税"，也就要同时免征或者减征城建税。但对出口产品退还增值税、消费税的，不退还已缴纳的城建税；对海关代征进口环节的增值税和消费税，不征收城建税。

三、城市维护建设税的计算与缴纳

1. 城市维护建设税的计算

建设税以纳税人实际缴纳的增值税、消费税、营业税的税额之和为计税依据，并采用比例税率，计税依据和适用税率相乘即为应纳税额。其计算公式为：

$$应纳城建税 = 实际缴纳的增值税、消费税、营业税税额 \times 适用税率$$

【例9—9】某食品加工企业3月份缴纳增值税30万元、消费税60万元、营业税10万元，补缴上月应纳增值税8万元，请计算该企业本月应纳的城建税。

【解析】　　　应纳城建税 = (30 + 60 + 10 + 8) × 7% = 7.56（万元）

2. 城市维护建设税的缴纳

（1）纳税期限。由于城建税是由纳税人在缴纳"三税"时同时缴纳的，所以其纳税期限分别与"三税"的纳税期限一致。根据增值税税法和消费税税法规定，增值税、消费税的纳税期限均分别为1日、3日、5日、10日、15日或者1个月。根据营业税税法规定，营业税的纳税期限分别为5日、10日、15日或者1个月。

增值税、消费税、营业税的纳税人的具体纳税期限，由主管税务机关根据纳税人应纳税

额的大小分别核定；不能按照固定期限纳税的，可以按此纳税。

（2）纳税地点。由于城建税是由纳税人在缴纳"三税"时同时缴纳，所以纳税人缴纳"三税"的地点，就是该纳税人缴纳城建税的地点，但下列情况例外：

1）代征代扣"三税"的单位和个人，其城建税的纳税地点在代征代扣地。

2）对流动经营等无固定纳税地点的单位和个人，应随同"三税"在经营地按适用税率缴纳。

3）跨省开采的油田，下属生产单位与核算单位不在一个省内的，其生产的原油，在油井所在地缴纳增值税，其应纳税款由核算单位按照各油田产量和规定税率，计算汇拨各油井缴纳。所以，各油井应纳的城建税，应由核算单位计算，随同增值税一并汇拨油井所在地，由油井在缴纳增值税的同时一并缴纳城建税。

4）对管道局输油部门的收入，由取得收入的各管道局于所在地缴纳营业税。所以，其应纳城建税，也应由取得收入的各管道局于所在地缴纳营业税时一并缴纳。

（3）纳税申报。城建税的纳税人必须按照税法规定的期限办理纳税申报，办理纳税申报时，应如实填写"城建税纳税申报表"，见表9—10。

表9—10 **城市维护建设税纳税申报表**

填表日期： 年 月 日

纳税人识别号：□□□□□□□□□□□□□□□ 金额单位：元（列至角分）

纳税人名称				税款所属时期	
类别	计税（费）金额	税（费）率	应纳税（费）额	已纳税（费）额	应补（退）税（费）额
1	2	3	4=2×3	5	6=5-4
城市维护建设税					
教育费附加					
合计					
如纳税人填报，由纳税人填写以下各栏		如委托代理人填报，由代理人填写以下各栏			备注
会计主管（签章）	纳税人（公章）	代理人名称	代理人（公章）		
		代理人地址			
		经办人姓名	电话		
以下由税务机关填写					
收到申报表时间		接收人			

注：①本表适用于以缴纳增值税为主实行查账征收的纳税人。
②纳税人识别号是纳税人在办理税务登记时由主管税务机关确定的税务编码。
③本表一式三份，第一联纳税人保存；第二联为收执联，由主管税务机关留存；第三联留税务机关计财部门作税收会计凭证。

模块七　车辆购置税与车船税的申报及缴纳

一、车辆购置税概述

1. 车辆购置税及其征税范围

在中华人民共和国境内购置（包括购买、进口、自产、受赠、获奖方式或者以其他方式取得）并自用应税车辆的单位和个人，均需缴纳车辆购置税。

车辆购置税的征收范围包括汽车、摩托车、电车、挂车和农用运输车。

2. 车辆购置税的计算与缴纳

车辆购置税实行从价定率的办法计算应纳税额。其应纳税额计算公式为：

$$应纳税额 = 计税价格 \times 税率$$

车辆购置税的税率为10%。

车辆购置税的计税价格根据不同情况，按照下列规定确定：

（1）纳税人购买自用的应税车辆的计税价格，为纳税人购买应税车辆而支付给销售者的全部价款和价外费用，不包括增值税税款。

（2）纳税人进口自用的应税车辆的计税价格计算公式为：

$$计税价格 = 关税完税价格 + 关税 + 消费税$$

（3）纳税人自产、受赠、获奖或者以其他方式取得并自用的应税车辆的计税价格，由主管税务机关参照如下规定的最低计税价格核定。

国家税务总局参照应税车辆市场平均交易价格，规定不同类型应税车辆的最低计税价格。

纳税人购买自用或者进口自用应税车辆，申报的计税价格低于同类型应税车辆的最低计税价格且又无正当理由的，按照最低计税价格征收车辆购置税。车辆购置税实行一次征收制度。

购置已征车辆购置税的车辆，不再征收车辆购置税。纳税人以外汇结算应税车辆价款的，按照申报纳税之日中国人民银行公布的人民币基准汇价，折合成人民币计算应纳税额。

3. 车辆购置税纳税申报表

"车辆购置税纳税申报表"见表9—11。

表9—11　　　　　　　　车辆购置税纳税申报表

填表日期：　　年　　月　　日

纳税人识别号：□□□□□□□□□□□□□□□　　金额单位：元（列至角分）

纳税人证件名称		证件号码	
联系电话		邮政编码		地址	
车辆基本情况			
车辆类别	1. 汽车　2. 摩托车　3. 电车 4. 挂车　5. 农用运输车	发动机号码	
生产企业名称		车架（底盘）号码	

续表

厂牌型号			关税完税价格	
机动车销售发票（或有效凭证）号码			关税	
机动车销售发票（或有效凭证）价格			消费税	
减（免）税条件				
申报计税价格	特殊计税价格	税率	减（免）税额	应纳税额
1	2	3	4=1×3	5=1×3 或 2×3
		10%		

申报人声明	授权声明
此纳税申报表是根据《中华人民共和国车辆购置税暂行条例》的规定填报的，我相信它是真实的、可靠的、完整的。 声明人签字：	如果你已委托代理人申报，请填写以下资料： 为代理一切税务事宜，现授权_____，（地址）_____为本纳税人的代理申报人，任何与本申报表有关的往来文件，都可寄予此人。 授权人签字：

纳税人签名或盖章	如委托代理人的，代理人应填写以下各栏	代理人（章）
	代理人名称	
	地址	
	经办人	
	电话	

接收人： 接收日期：	主管税务机关（章）

二、车船税概述

1. 车船税的含义

车船税是对行驶于我国境内公共道路的车辆和航行于我国境内河流、湖泊或者领海的船舶，按辆、净吨位或载重吨位，实行定额征收的一种税。该税属于行为税，只对使用的车船征税，对于不使用的车船则不征税。

现行车船税的基本规范是《中华人民共和国车船税法》，自2012年1月1日起施行。

2. 车船税的纳税人

车船税的纳税人为车辆、船舶（以下简称"车船"）的所有人或者管理人。从事机动车第三者责任强制保险业务的保险机构为机动车车船税的扣缴义务人，应当在收取保险费时依法代收车船税，并出具代收税款凭证。

3. 车船税的计税依据

车船税的计税依据，按车船的种类和性能，分别确定为辆、吨位、净吨位和米四种：

（1）乘用车、商用车中的客车及摩托车，以辆为计税依据。

（2）商用车中的货车、挂车及其他车辆，以吨位为计税依据。

（3）机动船舶，以净吨位为计税依据。

(4) 游艇，以米为计税依据。

4. 车船税的税目税额

车船税采用定额税率，具体见表9—12。

表9—12　　　　　　　　　　车船税税目税额表

税目		计税单位	年基准税额	备注
乘用车[按发动机气缸容量（排气量）分档]	1.0升（含）以下的	每辆	60～360元	核定载客人数9人（含）以下
	1.0升以上至1.6升（含）的		300～540元	
	1.6升以上至2.0升（含）的		360～660元	
	2.0升以上至2.5升（含）的		660～1 200元	
	2.5升以上至3.0升（含）的		1 200～2 400元	
	3.0升以上至4.0升（含）的		2 400～3 600元	
	4.0升以上的		3 600～5 400元	
商用车	客车	每辆	480～1 440元	核定载客人数9人以上，包括电车
	货车	整备质量每吨	16～120元	包括半挂牵引车、三轮汽车和低速载货汽车等
挂车		整备质量每吨	按照货车税额的50%计算	
其他车辆	专用作业车	整备质量每吨	16～120元	不包括拖拉机
	轮式专用机械车		16～120元	
摩托车		每辆	36～180元	
船舶	机动船舶	净吨位每吨	3～6元	拖船、非机动驳船分别按照机动船舶税额的50%计算
	游艇	艇身长度每米	600～2 000元	

车辆的具体适用税额由省、自治区、直辖市人民政府依照"车船税税目税额表"规定的税额幅度和国务院的规定确定；船舶的具体适用税额由国务院在"车船税税目税额表"规定的税额幅度内确定。

5. 车船税的减免税措施

下列车船免征车船税：

（1）捕捞、养殖渔船。

（2）军队、武装警察部队专用的车船。

（3）警用车船。

（4）依照法律规定应当予以免税的外国驻华使领馆、国际组织驻华代表机构及其有关人员的车船。

对节约能源、使用新能源的车船可以减征或免征车船税；对受严重自然灾害影响纳税困难以及有其他特殊原因确需减税、免税的，可以减征或免征车船税。具体办法由国务院规定,并报全国人民代表大会常务委员会备案。

省、自治区、直辖市人民政府根据当地实际情况,可以对公共交通车船,农村居民拥有并主要在农村地区使用的摩托车、三轮汽车和低速载货汽车,定期减征或者免征车船税。

6. 车船税的申报与缴纳

车船税的纳税义务发生时间为取得车船所有权或者管理权的当月。

车船税按年申报缴纳,具体申报纳税期限由省、自治区、直辖市人民政府确定。

车船税的纳税地点为车船的登记地或者车船税扣缴义务人所在地。依法不需要办理登记的车船,车船税的纳税地点为车船的所有人或者管理人所在地。

公安、交通运输、农业、渔业等车船登记管理部门、船舶检验机构和车船税扣缴义务人的行业主管部门应当在提供车船有关信息等方面协助税务机关加强车船税的征收管理。

车辆所有人或者管理人在申请办理车辆相关登记、定期检验手续时,应当向公安机关交通部门提供依法纳税或者免税证明。公安机关交通管理部门核查后办理相关手续。

7. 车船税应纳税额的计算

车船税应纳税额的计算公式为:

$$应纳税额 = 计税依据 \times 适用单位税额$$

【例9—10】 某企业拥有载货汽车20辆(每辆额定载重量为5吨)、大客车4辆、净吨位为100吨的机动船舶5艘、10米长的游艇3艘,假定当地规定载货汽车年纳税额自重每吨60元,大客车年纳税额每辆600元,机动船舶年纳税额为每净吨5元,游艇艇身长度年纳税额为每米800元,请计算该企业应纳车船税。

【解析】 应纳税额 $= 60 \times 5 \times 20 + 600 \times 4 + 5 \times 100 \times 5 + 800 \times 10 \times 3 = 34\,900(元)$

模块八 契税的申报及缴纳

一、契税概述

1. 契税及其纳税人

契税是在中华人民共和国境内转移土地、房屋权属时向产权承受人所征收的一种财产行为税。

契税的纳税人,是指在中华人民共和国境内转移土地、房屋权属过程中,承受土地使用权或房屋所有权的单位和个人。

国有土地使用权出让,土地使用权转让,房屋买卖、赠与和交换,以土地和房屋权属作价投资、入股以及抵偿债务,以获奖方式承受土地和房屋权属,以预购或集资建房方式承受土地房屋权属的承受人,均为契税的纳税人。

2. 契税的征税对象

契税的征税对象是在中华人民共和国境内转移土地使用权和房屋所有权权属,具体包括:

(1)国有土地使用权出让,是指土地使用者向国家交付土地使用权出让费用,国家将国有土地使用权在一定年限内让予土地使用者的行为。

(2) 土地使用权转让，是指土地使用者以出售、赠与、交换或者其他方式将土地使用权转移给其他单位和个人的行为。

(3) 房屋买卖，是指房屋所有者将其房屋出售，由承受者交付货币、实物、无形资产或者其他经济利益的行为。

(4) 房屋赠与，是指房屋所有者将其房屋无偿转让给受赠者的行为。

(5) 房屋交换，是指房屋所有者之间相互交换房屋所有权的行为。

(6) 视同土地使用权转让、房屋买卖或者房屋赠与的行为。土地、房屋权属以下列方式转移的，视同土地使用权转让、房屋买卖或者房屋赠与行为征税：①以土地、房屋权属作价投资，入股；②以土地、房屋权属抵债；③以获奖方式承受土地、房屋权属；④以预购方式或者预付集资建房款方式承受土地、房屋权属。

3. 契税的税率与减免措施

契税实行3%～5%的幅度比例税率。其中：

(1) 国家机关、事业单位、社会团体、军事单位承受土地、房屋用于办公、教学、医疗、科研和军事设施的，免征契税。

(2) 城镇职工按规定第一次购买公有住房，免征契税。

(3) 承受荒山、荒沟、荒丘、荒滩土地使用权，并用于农、林、牧、渔业生产的，免征契税。

(4) 在公司制改造中，对不改变投资主体和出资比例而改造成的公司制企业承受原企业土地、房屋权属的，不征契税；对独家发起、募集设立的股份有限公司承受发起人土地、房屋权属的，免征契税；对国有、集体企业经批准改建成全体职工持股的有限责任公司或股份有限公司承受原企业土地、房屋权属的，免征契税；对其余涉及土地、房屋权属转移的，征收契税。

(5) 企业合并中，新设或者存续方承受被解散方土地、房屋权属，如合并前各方为相同投资主体的，则不征契税，其余征收契税。

(6) 企业分立中，对派生方、新设方承受原企业土地、房屋权属的，不征收契税。

(7) 在股份转让中，单位、个人承受企业股份，企业的土地、房屋权属不发生转移，不征契税；在增资扩股中，对以土地、房屋权属作价入股或作为出资投入企业的，征收契税。

(8) 企业破产清算期间，对债权人（包括破产企业职工）承受破产企业土地、房屋权属以抵偿债务的，免征契税；对非债权人承受破产企业土地、房屋权属的，征收契税。对被撤销的金融机构在清算过程中催收债权时，接收债务方土地使用权、房屋所有权所发生的权属转移，免征契税。

二、契税的计算与缴纳

1. 契税的计税依据

契税的计税依据为不动产的价格。

(1) 国有土地使用权出让、土地使用权出售、房屋买卖，计税依据为成交价格。

成交价格，是指土地、房屋权属转移合同确定的价格，包括承受者应交付的货币、实物、无形资产或者其他经济利益。

(2) 土地使用权赠与、房屋赠与，计税依据由征收机关参照土地使用权出售、房屋买卖的市场价格核定。

(3) 土地使用权交换、房屋交换，计税依据为所交换的土地使用权、房屋价格的差额。交换价格相等的，免征契税；交换价格不等的，由多交付货币、实物、无形资产或者其他经济利益的一方按价格的差额缴纳契税。

土地使用权与房屋所有权之间相互交换，由多交付货币、实物、无形资产或者其他经济利益的一方按价格的差额缴纳契税。

(4) 以划拨方式取得土地使用权的，经批准转让房地产时，由房地产转让者补缴契税，计税依据为补缴的土地使用权出让费用或者土地收益。

对成交价格明显低于市场价格并且无正当理由的，或者所交换土地使用权、房屋的价格的差额明显不合理并且无正当理由的，计税依据由征收机关参照市场价格核定。

2. 契税应纳税额的计算

契税采用比例税率，应纳税额的基本计算公式为：

$$应纳税额 = 计税依据 \times 适用税率$$

【例9—11】 刘某有两套住房，将一套房屋出售给张某，成交价格为30万元；将另一套住房与谢某交换，刘某的住房价值为36万元，谢某的住房价值为30万元，谢某支付60 000元差价给刘某。假定当地政府规定的契税税率为3%。试计算刘某、张某和谢某各自应缴纳的契税。

【解析】 刘某不缴纳契税。

$$张某应纳税额 = 300\,000 \times 3\% = 9\,000（元）$$

$$谢某应纳税额 = (360\,000 - 300\,000) \times 3\% = 1\,800（元）$$

3. 契税的纳税申报

契税的纳税义务发生时间是纳税人签订土地、房屋权属转移合同的当天，或者纳税人取得其他具有土地、房屋权属转移合同性质凭证的当天。

纳税人因改变土地、房屋用途应当补缴已经减征、免征契税的，其纳税义务发生时间为改变有关土地、房屋用途的当天。

纳税人应当自纳税义务发生之日起10日内，向土地、房屋所在地的契税征收机关办理纳税申报，并在契税征收机关核定的期限内缴纳税款。

纳税人符合减征或者免征契税规定的，应当在签订土地、房屋权属转移合同后10日内，向土地、房屋所在地的契税征收机关办理减征或者免征契税手续。

由于契税属地方税，因此应在土地、房屋所在地的征税机关缴纳。纳税人办理纳税事宜后，契税征收机关应当向纳税人开具契税完税凭证。纳税人应当持契税完税凭证和其他规定的文件材料，依法向土地管理部门、房屋管理部门办理有关土地、房屋的权属变更登记手续。纳税人未出具契税完税凭证的，土地管理部门、房产管理部门不予办理有关土地、房屋的权属变更登记手续。土地管理部门、房产管理部门应当向契税征收机关提供有关资料，并协助契税征收机关依法征收契税。

4. 填制契税纳税申报表

"契税纳税申报表"见表9—13。

表9—13　　　　　　　　　　契税纳税申报表

填表日期：　　年　月　日　　　　金额单位：元　　　　面积单位：平方米

承受方	名称		识别号	
	地址		联系电话	
转让方	名称		识别号	
	地址		联系电话	
土地、房屋权属转移	合同签订时间			
	土地、房屋地址			
	权属转移类别			
	权属转移面积			
	成交价格			
适用税率				
计征税额				
减免税额				
应纳税额				
纳税人员（签章）			经办人员（签章）	
以下部分由征收机关负责填写				
征收机关收到日期		接收人		审核日期
审核记录				
审核人员（签章）			征收机关（签章）	

练　习

一、不定项选择题

1. 房产税的征税范围是指开征房产税的地理区域，只在（　　）征收。
    A. 城市　　　　　　B. 县城　　　　　　C. 建制镇　　　　　　D. 工矿区
2. 产权所有人、承典人不在房产所在地的，或者产权未确定及租典纠纷未解决的，（　　）为房产税纳税人。
    A. 产权所有人　　　　　　　　　　B. 承典人
    C. 房产代管人或使用人　　　　　　D. 经营管理单位
3. 房产余值是指房产原值减除（　　）后的余值。
    A. 10%~15%　　B. 10%~20%　　C. 10%~30%　　D. 10%~40%
4. 房产税采用比例税率，税率为（　　）。
    A. 1.2%　　　　B. 3%　　　　C. 5%　　　　D. 12%
5. 以下方式转移房屋权属，视同房屋买卖征收契税的是（　　）。
    A. 以房屋权属作价入股　　　　　　B. 以房屋权属抵债
    C. 以获奖方式承受房屋权属　　　　D. 以无形资产方式承受房屋权属
6. 下列情况，可免征契税的是（　　）。

A. 学校承受土地用于教育的
B. 承受荒山土地使用权并用于农业生产的
C. 国家机关承受房屋用于办公的
D. 军事单位承受房屋用于军事设施的

7. 契税的纳税人应当在纳税义务发生之日起（　　）日内，向土地、房屋所在地的契税征收机关办理纳税申报。
    A. 5　　　　　　B. 7　　　　　　C. 10　　　　　　D. 15

8. 车船使用税的计税依据有（　　）。
    A. 辆　　　　　B. 净吨位　　　C. 载重吨位　　　D. 车辆价值

9. 下列车辆中，免征车船使用税的是（　　）。
    A. 载货量不超过1吨的渔船　　　B. 货量不超过1吨的浮桥用船
    C. 各种工程船　　　　　　　　　D. 各种消防车辆

10. 应税车辆实行（　　）税率。
    A. 比例　　　B. 超额累进　　　C. 幅度定额　　　D. 幅度比例

11. 城市维护建设税的计税依据包括（　　）。
    A. 纳税人实际缴纳的"三税"税额
    B. 纳税人被查补的"三税"税额
    C. 纳税人违反"二税"有关规定而加收的滞纳金
    D. 纳税人违反"三税"有关规定而加收的罚款

12. 城市维护建设税在全国范围征收，包括（　　）。
    A. 城市　　　B. 县城　　　C. 建制镇　　　D. 农村

13. 城镇土地使用税征税范围是（　　）。
    A. 城市　　　B. 农村　　　C. 建制镇　　　D. 工矿区

14. 下列情况中，可免征城镇土地使用税的是（　　）。
    A. 企业自用的土地　　　　　B. 国家机关自用的土地
    C. 公园自用的土地　　　　　D. 市政建设的公共土地

15. 车辆购置税的征收范围包括（　　）。
    A. 汽车　　　B. 摩托车　　　C. 电车　　　D. 农用运输车

16. 下列证照中，属于缴纳印花税的是（　　）。
    A. 工商营业执照　　　　　B. 专利证
    C. 运营证　　　　　　　　D. 土地使用证

17. 下列印花税应税凭证中，适用比例税率的有（　　）。
    A. 经济合同　　　　　　　B. 营业账簿中记载资金的账簿
    C. 产权转移书据　　　　　D. 营业账簿中的其他账簿

18. 下列印花税应税凭证中，可免纳印花税的有（　　）。
    A. 货物运输合同　　　　　B. 无息贷款合同
    C. 贴息贷款合同　　　　　D. 特殊货运凭证

19. 土地增值税的最高税率为（　　）。
    A. 20%　　　B. 30%　　　C. 50%　　　D. 60%

20. 增值额超过扣除项目金额（　　）的部分，税率为60%。
    A. 50%　　　　B. 60%　　　　C. 100%　　　　D. 200%

21. 下列情形中，需要按照房地产评估价格计算征收土地增值税的是（　　）。
    A. 隐瞒、虚报房地产成交价的
    B. 提供扣除项目金额不实的
    C. 转让房地产的成交价低于房地产评估价，又无正当理由的
    D. 转让房地产的成交价高于房地产评估价，又无正当理由的

22. 下列项目，属于暂免土地增值税的是（　　）。
    A. 以房地产进行投资，投资一方以房地产作价入股，将房地产转让到所投资的企业中的
    B. 合作建房，一方出土地，一方出资金，建成后按比例分房自用的
    C. 企业兼并时，被兼并企业将房地产转让到兼并企业中的
    D. 以房地产进行联营，联营一方以房地产作为联营条件，将房地产转让到联营的企业中的

23. 个人因工作调动或改善居住条件而转让原自用住房，经向税务机关申报审核，凡居住（　　）的，减半征收土地增值税。
    A. 满3年未满5年　　　　　　　B. 未满3年
    C. 满5年未满10年　　　　　　D. 未满3年

24. 下列情形中，经税务机关审核后，免予征收土地增值税的是（　　）。
    A. 纳税人建造普通标准住宅出售，增值额未超过扣除项目金额20%的
    B. 因国家建设需要依法征用收回的房地产
    C. 纳税人成片受让土地使用权，分期分批开发的
    D. 纳税人建造高级公寓出售，增值额未超过扣除项目金额30%的

25. 旧房及建筑物的评估价格，是指在转让已使用的房屋及建筑物时，由政府批准设立的房地产评定机构评定的（　　）乘以成新度折扣率后的价格。
    A. 原价　　　B. 重置成本价　　　C. 折余价值　　　D. 市场价格

26. 开发土地和新建房屋及配套设施的费用，是指与房地产开发项目有关的（　　）。
    A. 实际成本　　B. 销售费用　　C. 管理费用　　D. 财务费用

二、计算题

1. 某工业企业有房屋三幢，其中两幢房屋用于本企业生产经营，两幢房产的账面原值为670万元，另一幢房屋出租给一商业企业，账面原值为120万元，年租金为50万元。
   要求：计算该工业企业当年应纳的房产税税额（当地政府规定计税时允许按房产原值一次减除30%）。

2. 某公司共拥有汽车40辆，各种汽车如下：
   （1）大客车8辆，其中2辆大客车划给本公司幼儿园自用。
   （2）小轿车20辆。
   （3）载货汽车12辆，载重净吨位均为5吨，其中3辆载货汽车年初已停止使用，并已报主管税务机关。
   要求：计算该公司当年应纳的车船使用税税额（该公司所在地车船使用税年税额为乘

人汽车 11 座以上的每辆 180 元，11 座以下的每辆 140 元；载货汽车为每吨 30 元）。

3. 某地处北京市区的国有大型企业，2004 年 4 月实际缴纳增值税 12 万元，消费税 3 万元，营业税 1.5 万元，另向税务机关缴纳营业税滞纳金和罚金共计 0.3 万元。

要求：计算该国有大型企业 2004 年 4 月应缴纳的城市维护建设税。

4. 某企业实际占用土地面积共为 18 000 平方米，其中 13 000 平方米自用，3 000 平方米无偿借给军队作训练场，2 000 平方米出租，取得年租金收入 60 万元。该企业所处地段规定的年税额为每平方米 4 元。

要求：计算该企业当年应纳的城镇土地使用税。

5. 某公司 2003 年度的有关资料如下：

（1）签订销售合同 2 份，总金额为 200 万元。
（2）签订购货合同 1 份，总金额 100 万元。
（3）签订专利权转让合同 1 份，总金额 50 万元。
（4）签订贴息贷款合同 1 份，总金额 100 万元。
（5）该年度记载资金的账簿中"实收资本"科目金额 1 000 万元，"资本公积"科目金额 200 万元。

要求：试计算 2003 年度该公司应纳印花税税额。

6. 某房地产开发公司建造普通标准住宅，取得销售总收入 4 000 万元。为建造普通标准住宅发生的相关支出如下：取得土地使用权支付的金额为 200 万元；房地产开发成本为 1 500 万元；该公司的贷款利息支出不能提供金融机构出具的证明，当地规定的费用扣除率为 10%；与转让房地产相关的税金共为 221.20 万元，其中含印花税 1.20 万元。要求：

（1）试问该公司是否缴纳土地增值税？
（2）若缴纳，试计算该公司应纳土地增值税税额。

7. 某房地产开发公司在市区建造一幢写字楼，取得销售总收入 3 000 万元。为建造该写字楼发生的相关支出如下：取得土地使用权支付的金额为 100 万元；土地征用费用 100 万元，前期工程费 50 万元，建筑安装工程费 200 万元，公共配套设施费 150 万元，开发间接费用 50 万元；该公司发生贷款利息支出 80 万元，并能够按转让房地产项目分摊并提供金融机构证明；其他房地产开发费用当地规定的扣除率为 5%；与房地产转让有关的营业税、城市维护建设税和教育费附加为 165 万元，印花税为 0.9 万元。

要求：试计算该公司应纳土地增值税税额。

练习参考答案

第 一 单 元

一、单项选择题
1. D 2. B 3. B 4. B 5. C

二、多项选择题
1. ABD 2. ABC 3. ACD 4. ABCD 5. CD

第 二 单 元

【解析】
（1）纳税人应该在2009年6月18日前，到税务机关办理注册税务登记，同时提供工商营业执照副本，银行开户证明，法人证书代码，有关合同、章程及协议等资料，填写税务登记表。

（2）2010年8月23日前，到税务机关办理变更税务登记，填写变更税务登记表。

（3）2011年4月20日前，到税务机关办理注销税务登记，填写注销税务登记表，结清全部应纳税款、滞纳金、罚款，并缴销发票、税务登记证件和其他税务证件。

第 三 单 元

一、单项选择题
1. D 2. C 3. B 4. A 5. C 6. C 7. C

二、多项选择题
1. CD 2. ABCD 3. BD 4. ABD 5. ABC

三、计算题
1. 当期销项税额 = 100 × 17% + 0.2 × 100 × 17% = 20.4（万元）

当期进项税额 = 15 + (2.5 + 0.5) × 7% = 15.21（万元）

该通信设备厂当月增值税应纳税额 = 20.4 - 15.21 = 5.19（万元）

2. 当期销项税额 = 5 000 × 100 × 17% + (3 600 + 400) × 20 × 17% + (1 800 + 200) × 50 × 17% = 115 600（元）

当期进项税额 = 60 000（元）

当月增值税应纳税额 = 115 600 - 60 000 = 55 600（元）

四、实务题

根据增值税纳税申报表（参见表3—1）填写：

第17行 = 19 900 + 10 000 = 29 900（元）

第18行（如17行 < 11行，则为17，否则为11）= 9 400元

第19行（11行 − 18行）= 0

第20行 = 29 900 − 9 400 = 20 500（元）

第24行（19行 + 21行 − 23行）= 3 000（元）

第27行（28行 + 29行 + 30行 + 31行）= 1 000（元）

第32行（24行 + 25行 + 26行 − 27行）= 3 000 − 10 000 + 5 000 − 1 000 = − 3 000（元）

第 四 单 元

一、单项选择题

1. D 2. C 3. D 4. C 5. C 6. D 7. B 8. D 9. C

二、多项选择题

1. BCD 2. AD 3. ABE 4. ACE 5. AD 6. ACE 7. ADE

三、计算题

【答案】 （1）D （2）D （3）A （4）D

【解析】 业务（1）：增值税一般纳税人从农业生产者手中购进免税农产品，按买价和13%的扣除率计算抵扣进项税额。根据财税［2006］64号和140号文件的规定，收购烟叶准予抵扣的进项税额 =（收购金额 + 烟叶税）×13%，其中，收购金额 = 收购价款×（1 + 10%），烟叶税 = 收购价款×20%

收购金额 = 100×（1 + 10%）= 110（万元），烟叶税 = 110×20% = 22（万元）

收购烟叶准予抵扣的进项税为：（110 + 22）×13% = 17.16（万元）

收购烟叶的成本为：110 + 22 − 17.16 + 8×（1 − 7%）= 122.28（万元）

受托方代收代缴的消费税 =（122.28 + 12）÷（1 − 30%）×30% = 57.55（万元）

业务（1）：中该卷烟厂可以抵扣的进项税共计 17.16 + 8×7% + 2.04 = 19.76（万元）

业务（2）：国内购进烟丝应纳的增值税 = 68 + 300×3% = 77（万元）

进口烟丝的关税完税价格 = 300 + 12 + 38 = 350（万元）

关税 = 350×10% = 35（万元）

组成计税价格 =（350 + 35）÷（1 − 30%）= 550（万元）

进口烟丝缴纳的增值税 = 550×17% = 93.5（万元）

进口烟丝缴纳的消费税 = 550×30% = 165（万元）

进口环节应纳税金合计 = 35 + 93.5 + 165 = 293.5（万元）

业务（3）：纳税人自产的应税消费品，用于连续生产应税消费品的，不征收增值税和消费税。

业务（4）：每标准箱卷烟有250标准条卷烟。

应纳增值税 =（600 + 9.36÷1.17）×17% + 400×250×100÷10 000×17%

$$=273.36（万元）$$

应纳消费税 $=(600+9.36÷1.17)×36\%+400×250×100÷10\,000×56\%+$
$150×400÷10\,000$
$=784.88$（万元）

业务（5）：应作进项税转出：$20×17\%=3.4$（万元）

业务（6）：当期准予扣除外购烟丝已纳税款 $=(30+400+300+550-50-20)×30\%$
$=363$（万元）

综上，当期准予抵扣的进项税共计：$19.76+77+93.5-3.4=186.86$（万元）

当期应纳增值税 $=273.36-186.86=86.5$（万元）

当期应纳消费税 $=784.88-363=421.88$（万元）

第 五 单 元

一、单项选择题

1. B 2. C 3. D 4. D 5. B 6. D 7. D 8. A 9. A 10. A

二、多项选择题

1. CD 2. CE 3. CD 4. BCDE 5. BE

三、实务题

（1）运输收入应纳营业税 $=(300\,000-50\,000)×3\%=7\,500$（元）

（2）洗车收入应纳营业税 $=40\,000×5\%=2\,000$（元）

填写营业税纳税申报表（略）

第 六 单 元

一、单项选择题

1. C 2. B 3. B 4. B 5. C

二、多项选择题

1. ABC 2. AB 3. ACD

三、计算题

1. 该批摩托车的完税价格 $=180+10+8+2=200$（万美元）

应缴关税税额 $=200×7.81×23\%=359.26$（万元）

2. 确定税则归类，该批合金生铁归入税目税号 7201.5000，税率为 20%；审定离岸价格为 $86×98=8\,428$ 美元；将外币价格折算成人民币为 $8\,428×8.2=69\,109.60$ 元。

出口关税税额 = 离岸价格 ÷（1+出口关税税率）× 出口关税税率
$=69\,109.60÷(1+20\%)×20\%$
$=57\,591×20\%=11\,518.20$（元）

第 七 单 元

一、单项选择题
1. A 2. C 3. A 4. D 5. C 6. C 7. D

二、多项选择题
1. AE 2. ABDE 3. ABD 4. ABCE 5. ADE 6. AD 7. CDE

三、计算题
（1）2009 年收入总额 = 2 000 万元，其中：免税收入 = 100 万元
（2）2009 年各项扣除调整数：
业务招待费超支额 = 100 - 9 = 91（万元）
业务招待费限额 = 9 万元（1 800 × 5‰ = 9 < 100 × 60% = 60）
工资三项经费调整额 = (50 + 10) - [200 × (14% + 2%)] = 28（万元）
提取准备金支出调整 = 100 万元
税收滞纳金调整 = 10 万元
（3）2009 年应纳税所得额 = 2 000 - 100 - 1 000 + (91 + 28 + 100 + 10) = 1 129（万元）
（4）2009 年应纳所得税额 = 1 129 × 25% - 500 × 10% = 282.25 - 50 = 232.25（万元）

第 八 单 元

一、单项选择题
1. C 2. B 3. C 4. C 5. B 6. D

二、多项选择题
1. BCD 2. ACD 3. AC 4. ABD 5. ABD 6. ABCD 7. ACD 8. AD 9. ACD

三、实务题
1.（1）2011 年：
①工资应纳个人所得税 = [(60 000 ÷ 12 - 3 500) × 3%] × 12 = 540（元）
②来源于甲国所得抵免税额 = 8 000 × (1 - 20%) × 20% + 15 000 × (1 - 20%) × 20% = 3 680（元）
甲国所得实际已纳税 = 540 + 3 600 = 4 140（元）
甲国所得 2011 年不需补税。余 4 140 - 3 680 = 460 元结转下年补扣。
③来源于乙国所得抵免税额 = 5 800 × (1 - 20%) × 20% = 928（元）
来源于乙国所得已纳税 720 元可全额抵免。
来源于乙国所得应补税 = 928 - 720 = 208（元）
④2011 年共纳税 = 540 + 208 = 748（元）
（2）2012 年：
①工资同上。
②来源于甲国所得抵免限额 = (25 000 ÷ 10 - 800) × 20% × 10 = 3 400（元）
来源于甲国所得已纳税款 3 000 元可全额抵免，余 400 元可抵 2000 年来源于甲国所得

未抵扣完税额,不需补税。

③2012年共纳税=6 060(元)

2.(1)雇用单位支付的工资、薪金应纳税额=[(15 000-800)×20%-375]×12=29 580(元)

(2)派遣单位每月支付工资、薪金应纳税额=(2 000×10%-25)×12=2 100(元)

(3)李某应纳税额=[(15 000+2 000-800)×20%-375]×12=34 380(元)

(4)股票转让收益暂不征税。

(5)特许权使用费应在中国补纳税额=18 000×(1-20%)×20%-1 800=1 080(元)

(6)个人中奖应纳税款=20 000×20%=4 000(元)

(7)劳务费收入应纳税额=40 000×(1-20%)×30%-2 000=7 600(元)

(8)全年应纳个人所得税=34 380+1 080+4 000+7 600=47 060(元)

第 九 单 元

一、不定项选择题

1. ABCD 2. C 3. C 4. AD 5. ABCD 6. ABCD 7. C 8. ABC 9. ABD 10. C
11. AB 12. ABCD 13. ABCD 14. BCD 15. ABCD 16. ABD 17. BCD 18. D 19. D
20. ABC 21. ABCD 22. A 23. AB 24. B 25. BCD

二、计算题

1.(1)生产、经营自用房应纳房产税=670×(1-30%)×1.2%=5.63(万元)

(2)出租房屋应纳房产税=50×12%=6(万元)

2.(1)大客车应纳车船使用税=(8-2)×180=1 080(元)

(2)小轿车应纳车船使用税=20×140=2 800(元)

(3)载货汽车应纳车船使用税=(12-3)×5×30=1 350(元)

该公司当年应纳车船使用税=1 080+2 800+1 350=5 230元。

3.应纳城市维护建设税=(12+3+1.5)×7%=1.16(万元)

4.应纳城镇土地使用税=18 000×4=72 000(元)

5.(1)销售合同应纳印花税=2 000 000×0.3‰=600(元)

(2)购货合同应纳印花税=1 000 000×0.3‰=300(元)

(3)专利权转让合同应纳印花税=500 000×5‰=250(元)

(4)贴息贷款合同免征印花税。

(5)记载资金账簿应纳印花税=(10 000 000+2 000 000)×0.5‰=6 000(元)

2003年度该公司应纳印花税税额=600+300+250+6 000=7 150(元)

6.(1)允许扣除的项目金额包括:

取得土地使用权支付的金额为200万元

房地产开发成本为1 500万元

房地产开发费用=(200+1 500)×10%=170(万元)

从事房地产开发的纳税人加计扣除金额=(200+1 500)×20%=340(万元)

允许扣除的税金=221.20-1.20=220(万元)

允许扣除项目金额总计 = 200 + 1 500 + 170 + 340 + 220 = 2 430（万元）

（2）转让房地产增值额 = 4 000 - 2 430 = 1 570（万元）

（3）增值额与扣除项目金额的比率 = 1 570 ÷ 2 430 = 64.61% > 20%

所以，该公司应就其全部增值额按规定计算缴纳土地增值税。

（4）该公司应纳土地增值税税额 = 1 570 × 40% - 2 430 × 5% = 506.50（万元）

7. （1）允许扣除的项目金额包括：

取得土地使用权支付的金额为 100 万元

房地产开发成本 = 100 + 50 + 200 + 150 + 50 = 550（万元）

房地产开发费用 = 80 + (100 + 550) × 5% = 112.50（万元）

从事房地产开发的纳税人加计扣除金额 = (100 + 550) × 20% = 130（万元）

允许扣除的税金为 165 万元

允许扣除项目金额总计 = 100 + 550 + 112.5 + 130 + 165 = 1 057.50（万元）

（2）转让房地产的增值额 = 3 000 - 1 057.50 = 1 942.50（万元）

（3）增值额与扣除项目金额的比率 = 1 942.50 ÷ 1 057.50 = 183.69%

（4）应纳土地增值税税额 = 1 942.50 × 50% - 1 057.50 × 15% = 812.625（万元）

参 考 文 献

1. 中国注册会计师协会. 税法. 北京：经济科学出版社，2010
2. 臧振霞，马俊红. 纳税实务. 北京：北京理工大学出版社，2010
3. 王建中. 纳税入门一点通. 北京：中国致公出版社，2011
4. 苏春林，奚卫红. 纳税实务. 北京：清华大学出版社，2010
5. 王碧秀. 税务会计. 北京：清华大学出版社，2009
6. 蔡昌. 纳税实务精解. 北京：中国财政经济出版社，2010